COLLECTION
TOURISME

La collection Tourisme propose une lecture novatrice du tourisme à travers le prisme des sciences humaines et sociales. S'adressant aux chercheurs et étudiants autant qu'aux gestionnaires et professionnels de l'industrie, cette collection offre un large panorama de livres fondamentaux et de recherches empiriques touchant le développement du tourisme au Québec et dans le monde.

Par la présentation de recherches rigoureuses, de théories et de cas concrets, les ouvrages qui la composent souhaitent alimenter les chercheurs et les décideurs en leur proposant une lecture scientifique des principaux enjeux du tourisme, de manière à nourrir la planification et l'action des gouvernements tout comme celles des entreprises touristiques.

Bruno Sarrasin

Droit du tourisme au Québec

Membre de L'ASSOCIATION NATIONALE DES ÉDITEURS DE LIVRES

Presses de l'Université du Québec
Le Delta I, 2875, boulevard Laurier, bureau 450, Québec (Québec) G1V 2M2
Téléphone: 418 657-4399 – Télécopieur: 418 657-2096
Courriel: puq@puq.ca – Internet: www.puq.ca

Diffusion/Distribution:

Canada et autres pays: Prologue inc., 1650, boulevard Lionel-Bertrand, Boisbriand (Québec) J7H 1N7 – Tél.: 450 434-0306 / 1 800 363-2864

France: Sodis, 128, av. du Maréchal de Lattre de Tassigny, 77403 Lagny, France – Tél.: 01 60 07 82 99

Afrique: Action pédagogique pour l'éducation et la formation, Angle des rues Jilali Taj Eddine et El Ghadfa, Maârif 20100, Casablanca, Maroc – Tél.: 212 (0) 22-23-12-22

Belgique: Patrimoine SPRL, 168, rue du Noyer, 1030 Bruxelles, Belgique – Tél.: 02 7366847

Suisse: Servidis SA, Chemin des Chalets, 1279 Chavannes-de-Bogis, Suisse – Tél.: 022 960.95.32

LOUIS JOLIN

Droit du tourisme au Québec

3e ÉDITION

Presses de l'Université du Québec

Catalogage avant publication de Bibliothèque et Archives nationales du Québec et Bibliothèque et Archives Canada

Jolin, Louis

Droit du tourisme au Québec

3e éd.

(Collection Tourisme)

Comprend des réf. bibliogr.

ISBN 978-2-7605-3212-0

1. Tourisme - Droit - Québec (Province). 2. Tourisme - Droit. 3. Consommateurs - Protection - Droit - Québec (Province). I. Titre. II. Collection : Collection Tourisme (Presses de l'Université du Québec).

KEQ568.T6J64 2011 343.71407'891 C2011-941972-6

Les Presses de l'Université du Québec reconnaissent l'aide financière du gouvernement du Canada par l'entremise du Fonds du livre du Canada et du Conseil des Arts du Canada pour leurs activités d'édition.

Elles remercient également la Société de développement des entreprises culturelles (SODEC) pour son soutien financier.

Mise en pages : Interscript

Couverture :
Conception - Richard Hodgson et Michèle Blondeau
Photographies - *Auberge* et *Parlement* : Tourisme Québec / Linda Turgeon

AVANT-PROPOS

Le présent ouvrage est unique en son genre au Québec. Il s'appuie principalement sur l'enseignement de l'auteur depuis de nombreuses années en droit du tourisme, dans le cadre du baccalauréat en gestion du tourisme et de l'hôtellerie à l'École des sciences de la gestion de l'Université du Québec à Montréal (ESG UQAM). Quelques pages de sa thèse de doctorat en droit des affaires, intitulée *Associations et activités touristiques en droit français et en droit québécois* (Université de Lyon 3, juin 1995, 296 p.), furent mises à contribution, notamment pour la section sur les raisons de l'intervention législative et réglementaire en tourisme (chapitre 1). Deux articles de l'auteur ont servi, également, d'appui à l'argumentation développée au chapitre 3 sur l'évolution de la responsabilité des prestataires de services, soit l'article portant le titre «Des agences de voyages de plus en plus responsables» (*Téoros*, vol. 9, nº 3, novembre 1990, p. 28-30) et celui intitulé «La protection du consommateur dans le secteur du tourisme, tendances et critique» (*Revue du tourisme*, AIEST, 4/1992, p. 34-39).

L'auteur remercie sincèrement madame Julie Caron-Malenfant pour sa collaboration à la recherche documentaire, à la rédaction des annexes et à la préparation du manuscrit pour la première édition de l'ouvrage (2000).

La deuxième édition (2005) visait à rendre compte des changements législatifs et réglementaires survenus dans la première moitié de la décennie 2000: classification obligatoire de l'hébergement touristique au Québec, instauration du Fonds d'indemnisation des clients des agents de voyages et nouvelles règles concernant la responsabilité des transporteurs aériens.

Cette troisième édition (2011) poursuit un objectif similaire: mettre à jour et enrichir le contenu du texte en tenant compte des modifications législatives et réglementaires de la seconde moitié de la dernière décennie (modifications qui créent de nouvelles catégories d'hébergement touristique, de nouveaux types de permis d'agents de voyages, de nouvelles obligations dans divers secteurs ayant des incidences sur le tourisme, etc.). La troisième édition fait état de causes de jurisprudence récentes qui apportent un éclairage pertinent sur l'application des lois. L'auteur remercie chaleureusement **Me Faïza F. Kadri** pour sa collaboration dans cette importante mise à jour.

TABLE DES MATIÈRES

LISTE DES PRINCIPALES ABRÉVIATIONS

ACTA-Québec	Association des agents de voyages du Québec
A.J.D.Q.	*Annuaire de jurisprudence et de doctrine du Québec*
AMF	Autorité des marchés financiers
AZ	Azimut (Base de données de la Société québécoise d'information juridique
BSF	Bureau des services financiers
Bull. civ.	*Bulletin civil* (France)
C.A.	Cour d'appel (Québec)
Cass. civ.	Cour de cassation, chambre civile (France)
C.c.B.-C.	Code civil du Bas-Canada
C.c.Q.	Code civil du Québec
C. de D.	*Cahiers de droit*
C.F.	Cour fédérale (Canada)
C.Q.	Cour du Québec
C.S.	Cour supérieure
C.M.	Convention de Montréal

CITQ	Corporation de l'industrie touristique du Québec
CSETQ	Corporation des services aux établissements touristiques québécois
CRC	Codification des règlements du Canada
DORS	Décrets, ordonnances et règlements statutaires
DTS	Droit de tirage spécial
G.O.Q.	*Gazette officielle (Québec)*
IATA	Association du transport aérien international (International Air Transport Association)
J.E.	*Jurisprudence express* (Québec)
J.O.	*Journal officiel (France)*
L.C.	*Lois du Canada*
L.Q.	*Lois du Québec*
L.R.C.	*Lois révisées du Canada*
L.R.Q.	*Lois refondues du Québec*
MAPAQ	Ministère de l'Agriculture, des Pêcheries et de l'Alimentation du Québec
MRC	Municipalité régionale de comté
OACI	Organisation de l'aviation civile internationale
OIT	Organisation internationale du tourisme social
OMT	Organisation mondiale du tourisme
ONU	Organisation des Nations Unies
OPC	Office de protection du consommateur
OTC	Office des transports du Canada
P.H.	Protocole de La Haye
R.C.S.	*Recueil des arrêts de la Cour suprême du Canada* *Rapports judiciaires du Canada, Cour suprême du Canada*
R. du B.	*Revue du Barreau*
R.J.Q.	*Revue de jurisprudence du Québec*
R.L.	*Revue légale*
R.R.V.M.	*Règlements refondus de la Ville de Montréal*
TICO	Travel Industry Council of Ontario
UQAM	Université du Québec à Montréal
Z.E.C.	Zone d'exploitation contrôlée
EYB	La référence, Éditions Yvon Blais

INTRODUCTION

Le droit n'est pas étranger au tourisme : une multitude de lois et de règlements concernent directement et indirectement le phénomène touristique. Lorsque nous pensons aux lois associées au tourisme, nous viennent spontanément à l'esprit la Loi sur les établissements d'hébergement touristique (*L.R.Q.*, c. E-14.2), la Loi sur les agents de voyages (*L.R.Q.*, c. A-10) ou encore la Loi sur les transports (*L.R.Q.*, c. T-12), pour ne mentionner que les plus connues parmi les lois québécoises. Il s'agit pour l'essentiel de lois de protection du consommateur qui limitent la liberté de commerce, comme c'est le cas aussi dans d'autres secteurs économiques.

Le tourisme est un phénomène complexe, multidimensionnel, qui peut être défini sous l'angle du pratiquant comme une activité de déplacement d'une certaine distance et d'une certaine durée, selon diverses motivations[1]. Le tourisme peut être analysé comme un phénomène social, culturel, économique mobilisant des acteurs des secteurs public et privé, tant sur les plans local, régional, national qu'à l'échelle internationale. Selon les contextes, le tourisme est défini comme un système, une industrie (ou une « constellation » d'industries), un loisir, un moyen d'éducation populaire, voire un droit...

Le tourisme a une influence certaine, positive et négative, sur le développement d'un pays et d'une région. En contrepartie, les politiques et les lois concernant l'aménagement du territoire, la protection du territoire agricole et la préservation du patrimoine naturel et culturel ont un impact sur les politiques du tourisme ainsi que sur les projets d'infrastructures et d'investissements de ce secteur. En outre, d'autres lois et règlements touchent les entreprises touristiques au même titre qu'elles s'appliquent à d'autres entreprises. Nous pouvons penser notamment à la Loi sur les compagnies – Partie III (*L.R.Q.*, c. C-38), à la Loi sur les sociétés par actions (*L.R.Q.*, c. S-31.1), à la Loi sur les normes du travail (*L.R.Q.*, c. N-1.1) ou encore au Code civil du Québec.

Alors, que retenir dans un ouvrage consacré au droit du tourisme, compris dans le sens « que le tourisme est une matière spécifiquement prise en charge par le droit[2] » et non dans celui d'un droit spécifique du tourisme ? Que retenir lorsque l'on sait que les touristes peuvent avoir des comportements qui ne sont pas différents de ceux de certains autres consommateurs ou encore lorsque certaines réglementations peuvent concerner autant les résidants que les touristes (notamment en ce qui concerne les restaurants ou la libre circulation des personnes) ? Ces questions ont été soulevées par le juriste français Pierre Py dans son livre *Droit du tourisme*. Il y répond de la façon suivante :

> [...] le droit du tourisme est l'ensemble des institutions et des règles juridiques pour lesquelles le mobile touristique est déterminant, soit parce qu'il s'agit de développer l'activité touristique, soit parce que ces règles ont pour but de protéger le consommateur ou la profession touristique, soit parce qu'elles ont pour finalité de concilier tourisme et ordre public[3].

---

1. Selon des définitions généralement admises au niveau international, un touriste est celui qui se déplace en dehors de son domicile pendant plus de vingt-quatre heures (au moins une nuitée à l'extérieur de son domicile). L'Organisation mondiale du tourisme (OMT) recommande de classer les motifs du voyage selon les grands groupes suivants : loisirs, détente et vacances, visite à des parents et amis, affaires et motifs professionnels, traitement médical, religion/pèlerinages, autre. L'excursionniste est celui qui fait l'aller-retour dans la même journée. Le vacancier partant est le voyageur d'agrément qui se déplace pour quatre nuits ou plus. OMT (2000). *Compendium de statistiques du tourisme 1994-1998*, Madrid, OMT, p. 229-233.
2. Pierre PY (2002). *Droit du tourisme*, Paris, Dalloz, p. 7.
3. *Ibid.*

De façon générale, le présent ouvrage s'inscrit dans cette perspective, tout en évoquant quelques règles de droit qui ont des incidences sur le tourisme sans que le mobile touristique soit déterminant. Après avoir discuté des fondements de l'intervention législative et réglementaire dans le secteur du tourisme et des enjeux soulevés par la tendance contemporaine à la déréglementation (chapitre 1), l'ouvrage traitera des règles de droit qui visent à protéger le consommateur dans le contexte d'une activité touristique (chapitre 2). Il accordera une place centrale à la question de la responsabilité des prestataires de services touristiques à l'égard du consommateur (chapitre 3). Plus brièvement, il présentera aussi les lois qui visent à protéger le milieu d'accueil, ce qui est différent des strictes questions d'ordre public tout en les incluant (chapitre 4). Il sera principalement question, tout au long des divers chapitres, du droit québécois du tourisme, complété à l'occasion de quelques comparaisons avec des lois d'autres provinces ou d'autres pays. L'ouvrage se terminera enfin par une réflexion plus large quant aux efforts entrepris sur le plan international pour régir les comportements touristiques dans leur ensemble (chapitre 5).

LE DROIT QUÉBÉCOIS ET LE PARTAGE DES POUVOIRS SELON LA CONSTITUTION CANADIENNE

Le droit québécois doit être interprété comme étant le droit en vigueur au Québec et non pas comme celui qui relève exclusivement du législateur québécois. La Loi constitutionnelle de 1867 (désignée, avant le rapatriement de la Constitution en 1982, sous le titre d'Acte de l'Amérique du Nord britannique) a réparti les pouvoirs entre les deux ordres de gouvernement que sont le gouvernement fédéral et les gouvernements provinciaux.

Les Pères fondateurs du Canada n'ont pas spécifiquement attribué le tourisme à l'un ou l'autre des deux ordres de gouvernement. Habituellement, lorsqu'un sujet n'est pas expressément attribué, le paragraphe introductif de l'article 91 de la Loi constitutionnelle de 1867 prévoit qu'il est de compétence fédérale: c'est la théorie du pouvoir résiduaire. Mais les tribunaux appelés à se prononcer sur la constitutionnalité des lois ont souligné la nécessité de se demander d'abord si le nouveau sujet ne se rattache pas plutôt à une matière qui, elle-même, aurait déjà été attribuée à l'un ou l'autre des ordres de gouvernement. Car si tel est le cas, il faut aller généralement dans le sens du rattachement pour déterminer la juridiction applicable[4].

4. Avec les années, diverses théories, celles de l'incidence, de l'ancillarité, de la compétence exclusive, furent également élaborées par les tribunaux pour nuancer la théorie générale du rattachement. À ce sujet, voir François CHEVRETTE et Herbert MARX

Phénomène complexe et multiforme, le tourisme se rattache, dans ses manifestations, à diverses matières qui ont été attribuées soit au gouvernement fédéral, soit au gouvernement provincial. À titre d'exemple, les échanges et le commerce extérieur, les infrastructures et les activités de transport interprovincial et international sont de responsabilité fédérale (articles 91.2, 91.10, 91.13, 91.29, 92.10, a), b), c), etc.), tandis que les provinces ont notamment compétence sur les ouvrages et les entreprises de nature locale, sur les licences de boutiques, de cabarets, d'auberges, sur la propriété et les droits civils dans la province ainsi que sur les matières d'une nature purement locale ou privée (articles 92.9, 92.10, 92.13, 92.16).

Lorsque l'on fait le compte, de façon générale, et nonobstant la compétence fédérale dans le domaine du transport aérien et plus globalement du transport interprovincial et international, ainsi que le pouvoir de dépenser du fédéral interférant sur la compétence provinciale, les provinces ont plus de prise sur ce phénomène qu'est le tourisme et elles assurent la plus grande part de responsabilité, surtout lorsqu'il est question de planification stratégique, de développement du produit touristique... et de protection du consommateur.

Le droit civil est sans contredit de compétence provinciale (seul le Québec a un Code civil au Canada) ; le droit commercial (ou de l'entreprise) est de compétence partagée parce que, d'une part, il constitue un droit dérivé du droit civil et que, d'autre part, le fédéral peut légiférer sur un nombre appréciable de matières commerciales du fait de la compétence du Parlement fédéral dans des domaines tels que la réglementation des échanges et du commerce, les lettres de change et les billets à ordre, la faillite et l'insolvabilité. Le droit du travail est au départ de compétence provinciale (le contrat de travail est une matière civile), mais les employés des personnes morales dont les objets ressortent à l'autorité législative fédérale sont sous la compétence fédérale en matière de normes et de relations de travail. Les deux ordres de gouvernement peuvent imposer les citoyens, prélever des taxes de toutes sortes : le droit fiscal est de compétence partagée. Et ainsi de suite...

En plus de ces autorités primaires (le gouvernement fédéral et les gouvernements provinciaux), des autorités dites secondaires peuvent intervenir en matière de tourisme. Il s'agit des municipalités, dont les pouvoirs sont définis soit par le Code municipal (*L.R.Q.*, c. C-27.1), soit par la Loi sur les cités et villes (*L.R.Q.*, c. C-19), soit par des lois spécifiques (p. ex. la Charte de la Ville de Montréal, *L.R.Q.*, c. C-11.4, régulièrement modifiée). Les pouvoirs des municipalités, dans les matières de sécurité publique, de transport routier, d'urbanisme, de loisir, de taxation, ont des incidences sur le tourisme et plusieurs règlements adoptés par elles font partie du droit québécois du tourisme.

(1982). *Droit constitutionnel – Notes et jurisprudence*, Montréal, Les Presses de l'Université de Montréal, p. 268-340; Henri BRUN et Guy TREMBLAY (2002). *Droit constitutionnel*, 4e éd., Cowansville, Éditions Yvon Blais, p. 441-580.

CHAPITRE 1

LES FONDEMENTS DE L'INTERVENTION LÉGISLATIVE ET RÉGLEMENTAIRE EN TOURISME

1. LES RAISONS DE L'INTERVENTION

La situation de vulnérabilité des touristes face aux prestataires de services a amené les États à réglementer l'activité touristique afin d'assurer leur protection comme consommateurs, qu'ils soient nationaux ou étrangers, ce qui, indirectement, contribue aussi à préserver la réputation nationale. À ces deux raisons que nous traiterons ensemble, l'une étant dans le prolongement de l'autre, il faut ajouter la volonté des pouvoirs publics de garantir un fonctionnement efficace du marché et de protéger l'environnement naturel, culturel et social des milieux d'accueil.

1.1. La protection du consommateur et la réputation nationale

Pour normaliser ou provoquer l'équilibre des rapports entre professionnels et consommateurs, les États ont adopté des lois qui sanctionnent pénalement les infractions. Ce droit pénal de la consommation, aussi important soit-il, ne constitue pas à lui seul tout le droit de la consommation, car il est complété de règles issues du droit civil, du droit commercial, voire du droit administratif.

Jean Calais-Auloy répartit les règles visant à protéger le voyageur ou le touriste « selon qu'elles concernent le dommage corporel, le dommage causé aux bagages ou l'organisation du voyage[1] ». Certaines de ces règles, qui visent à préciser le régime de responsabilité en cas de dommages à la personne ou aux biens du touriste, sont soumises dans chaque pays aux dispositions d'un code civil ou de lois spécifiques ou générales de protection du consommateur, s'il y a lieu. D'autres règles ont un caractère préventif et sont sanctionnées pénalement par l'imposition d'amendes : elles visent à assurer la santé et la sécurité du voyageur, à lui offrir une information adéquate, à protéger son argent, à lui fournir des garanties quant à la moralité, à l'aptitude professionnelle et à la solvabilité du fournisseur de services (agent de voyages, hôtelier, transporteur, etc.). François Servoin a bien fait ressortir quelques-unes des raisons qui ont conduit les États à réglementer l'activité touristique : la situation de dépendance et de vulnérabilité du touriste face à son prestataire de services ainsi que la réputation nationale :

> Le phénomène touristique se caractérise par une séparation géographique entre les domiciles des partenaires. Les transactions se font à distance.
>
> Toute publicité élogieuse peut devenir mensongère et place le touriste en situation d'infériorité. Situé à grande distance, il n'a aucun élément de vérification de ce qu'on lui offre, il doit faire systématiquement confiance. Une fois sur place, il se trouve éloigné de son domicile qu'il n'a pas la possibilité de rejoindre. Même déçu, il est contraint d'accepter ce qu'on lui offre. Il se trouve dans une situation de constante dépendance vis-à-vis de son prestataire de service, car en toute hypothèse, il lui faut se loger, se nourrir et retourner d'où il vient. Pour éviter de telles situations, l'État veille à la qualité des prestations touristiques.
>
> La réputation nationale ne serait qu'une simple question d'amour propre si le touriste étranger n'apportait des devises. Il importe qu'il soit reçu dans des conditions sans surprises. La qualité du service doit même l'inciter à revenir ou à envoyer ses compatriotes[2].

Pour les raisons alléguées par Servoin, le tourisme est l'un des secteurs économiques où les États sont intervenus le plus directement pour protéger l'une des parties, le consommateur. Cette tendance favorable au

---

1. Jean CALAIS-AULOY (1980). *Droit de la consommation*, Paris, Dalloz, p. 145. Pour une plus récente édition, voir Jean Calais-Auloy et Henry Temple (2010). *Droit de la consommation*, 8e éd., Paris, Dalloz, 726 p.
2. François SERVOIN (1981). *Institutions touristiques et droit du tourisme*, Paris, Masson, p. 13.

consommateur se révélera tant dans les mesures à caractère préventif – que nous analyserons au chapitre 2 – que dans les décisions des tribunaux en matière civile (chapitre 3). On perçoit, depuis quelques années, une nette tendance des tribunaux à assujettir non seulement les organisateurs, mais aussi les intermédiaires de voyages à une obligation de résultat. Dans plusieurs législations, notamment en France et au Québec, des articles de lois soumettent les transporteurs à une obligation de résultat et rendent les hôteliers responsables des bagages déposés chez eux, ces derniers ne pouvant s'exonérer qu'en prouvant la faute du voyageur ou la force majeure[3]. Une directive européenne[4] précise que le vendeur de voyages à forfait est responsable vis-à-vis du consommateur de la totalité des prestations prévues au contrat.

1.2. La régulation du marché

Pour garantir la libre concurrence, il faut la protéger et la réglementer! N'est-ce pas contradictoire? « L'expérience montre cependant qu'*une concurrence* absolument libre engendre des désordres et finit par se détruire elle-même car d'éliminations en éliminations elle aboutit à la création de monopoles.[5] » Les États ont adopté des lois et des règlements pour interdire les comportements anticoncurrentiels, individuels comme collectifs, et pour éviter la désorganisation du marché.

Au Québec, à la fin des années 1980, le remplacement de la Loi sur l'hôtellerie (*L.R.Q.*, c. H-3) par la Loi sur les établissements touristiques[6] fut justifié, lors des débats à l'Assemblée nationale, non seulement par des motivations liées à la nécessaire protection du consommateur, mais aussi par celle « d'assurer un fonctionnement efficace du marché[7] ». On se devait, selon le législateur, de mettre un terme au régime de « deux poids, deux mesures » et d'élargir le champ d'application de la loi, qui couvre maintenant un ensemble d'établissements d'hébergement dont plusieurs (auberges de jeunesse, camps de vacances, etc.) étaient auparavant exclus du champ d'application de la Loi sur l'hôtellerie.

---

3. Articles 1952 à 1954 du Code civil français; articles 2298 à 2301 du Code civil du Québec.
4. Directive du Conseil du 13 juin 1990 concernant les voyages, vacances et circuits à forfait, article 5, *J.O. des Communautés européennes*, nº L. 158/59 du 23 juin 1990.
5. Yves GUYON (1980). *Droit des affaires*, tome 1, Paris, Economica, p. 757. L'italique est employé par l'auteur.
6. Cette loi porte, depuis les dernières modifications en l'an 2000, le titre de Loi sur les établissements d'hébergement touristique, *L.R.Q.*, c. E-14.2.
7. Notes explicatives, Loi sur les établissements touristiques, *L.Q.*, 1987, c. 12.

En France, diverses mesures législatives visent à contrer le paracommercialisme, soit en obligeant toute personne qui fait du commerce à respecter les obligations qui incombent normalement aux commerçants, soit en lui interdisant certaines actions. Le secteur du tourisme est particulièrement visé du fait du rôle des associations à but non lucratif dans ce secteur économique hautement concurrentiel.

Dans le même ordre d'idées, les États adoptent aussi des lois et des règlements qui instaurent des programmes de financement ou de crédit afin de dynamiser le marché et de susciter la croissance. Ces programmes peuvent autant stimuler le développement de l'offre que celui de la demande. La vulnérabilité de l'industrie touristique, sensible aux divers aléas provoqués par des événements politiques, par des perturbations économiques ou encore par des catastrophes naturelles, explique ce type de législation.

1.3. La protection de l'environnement naturel, culturel et social

Le tourisme met en relation des visiteurs et des visités et favorise la connaissance par les premiers du patrimoine naturel et culturel des lieux visités. Du moins le devrait-il ! Les populations constituant les communautés d'accueil s'attendent au respect de leurs coutumes, de leurs religions, de leurs monuments et de leurs sites… sans parler des aspects liés à la sûreté des lieux, à la tranquillité et à la salubrité publique, qui relèvent plus particulièrement de l'ordre public. L'avènement du tourisme de masse a engendré une pression sur la culture spécifique de certaines populations et constitue même une menace pour certains lieux. Le paradoxe du tourisme, c'est qu'il détruit son objet si des mesures ne sont pas prises pour préserver certains lieux, certaines cultures originelles et, plus globalement, l'environnement naturel et culturel. C'est la vulnérabilité des lieux d'accueil qui ont amené les États à adopter des lois et des règlements visant non seulement à garantir l'ordre public, mais aussi à protéger des lieux précis (en constituant, entre autres, des parcs naturels, des réserves fauniques ou des sites historiques) ou des monuments (biens culturels, bâtiments représentatifs de l'histoire régionale ou nationale, voire de l'humanité), une protection qui n'interdit pas des actions de mise en valeur.

Au-delà des mesures propres à la protection des cultures locales, des sites ou de l'environnement, les législations concernant la planification et l'aménagement du territoire ou même celles relatives à la répartition des compétences dans le domaine du tourisme s'inscrivent dans cette même catégorie de raisons qui expliquent l'intervention de l'État dans le secteur du tourisme : permettre aux communautés d'accueil d'avoir une prise réelle sur le développement touristique dans le respect de leurs priorités.

2. FAUT-IL DÉRÉGLEMENTER L'INDUSTRIE TOURISTIQUE ?

Depuis une trentaine d'années, de nombreuses voix s'élèvent au sein des pouvoirs publics comme du patronat pour réclamer une plus grande déréglementation. C'est l'un des traits dominants du discours néolibéral des trois dernières décennies. Au Québec, du rapport Scowen *Réglementer moins et mieux*[8], paru en 1986 sous les libéraux, à la création du Conseil et du Secrétariat à la déréglementation, mis en place par le gouvernement péquiste en 1996, sans oublier le plan d'action du gouvernement Charest en matière d'allégement réglementaire et administratif rendu public en août 2004[9], la déréglementation constitue un leitmotiv qui semble transcender la ligne de parti. Encore récemment, en 2011, le gouvernement du Québec annonçait la création d'un groupe de travail sur la simplification réglementaire[10].

La déréglementation ne fait toutefois pas nécessairement l'unanimité : dans plusieurs secteurs de l'activité économique, des dirigeants d'entreprises s'inquiètent d'un mouvement trop poussé de déréglementation qui provoquerait des perturbations dans la structure de marché de certaines industries ; des syndicalistes s'opposent à la déréglementation parce qu'elle compromettrait les conditions de travail des employés ; des associations de consommateurs s'en réjouissent parce qu'elle entraîne

8. La référence officielle de ce rapport est la suivante : GROUPE DE TRAVAIL SUR LA DÉRÉGLEMENTATION (1986). *Réglementer moins et mieux*, Québec, Les Publications du Québec, 292 pages (vol. 1) ; 101 pages (vol. 2).
9. SECRÉTARIAT DU COMITÉ MINISTÉRIEL DE LA PROSPÉRITÉ ÉCONOMIQUE ET DU DÉVELOPPEMENT DURABLE (2004). *Simplifier la vie des entreprises pour créer plus d'emplois et de richesses*, Plan d'action du gouvernement en matière d'allégement réglementaire et administratif, Québec, Gouvernement du Québec, 40 p. Faisant suite à ce document, la Politique gouvernementale sur l'allégement réglementaire et administratif fut en quelque sorte adoptée officiellement par le Décret 111-2005 « Règles sur l'allégement des mesures de nature législative ou réglementaire ».
10. « Le président du Comité ministériel de la prospérité économique et du développement durable et ministre des Transports, M. Sam Hamad, et le ministre du Développement économique, de l'Innovation et de l'Exportation, M. Clément Gignac, ont annoncé aujourd'hui, dans le cadre de la Semaine de sensibilisation à la paperasserie de la Fédération canadienne de l'entreprise indépendante (FCEI), la création du Groupe de travail sur la simplification réglementaire et administrative. Ils étaient accompagnés pour l'occasion du député de Jean-Lesage et adjoint parlementaire au ministre du Développement économique, de l'Innovation et de l'Exportation, M. André Drolet, et du député de Vanier, M. Patrick Huot. "Tout en reconnaissant que la réglementation est nécessaire afin d'assurer la protection du public et de l'environnement, notre gouvernement désire mettre en place des conditions permettant de bâtir un contexte d'affaires encore plus compétitif. Nous porterons une attention particulière aux mesures touchant les PME, puisque celles-ci sont davantage touchées par la réglementation et les formalités administratives", a indiqué le ministre Sam Hamad. » Gouvernement du Québec, *Communiqué* du 12 janvier 2011.

souvent une réduction des prix, mais s'inquiètent des conséquences sur la sécurité et la protection des consommateurs; des écologistes craignent les impacts de la déréglementation sur l'environnement.

Lors de la parution du rapport Scowen en 1986, un colloque[11] fut organisé sur le thème des «industries récréotouristiques à l'heure de la privatisation et de la déréglementation» à l'occasion duquel plusieurs participants manifestèrent des réserves à l'égard de la déréglementation et proposèrent plutôt un resserrement de la réglementation en matière d'hébergement touristique et de restauration. En 1998, Tourisme Québec amorça une étude[12] sur l'allégement législatif et réglementaire dans les établissements touristiques, mais les consultations auprès de représentants d'associations professionnelles révélèrent un désir de renforcer la réglementation dans bien des cas, même si tous souhaitaient un allégement administratif et bureaucratique. Dans un mémoire[13] rendu public en 1997, l'Association des agents de voyages du Québec (ACTA-Québec) réclamait aussi un renforcement de la Loi et du Règlement sur les agents de voyages. Cette position fut entendue en 2009 et 2010, comme nous le verrons au chapitre 2 du présent ouvrage.

Que comprendre de ces positions qui, formulées par des dirigeants d'entreprises, semblent aller à l'encontre du discours dominant? Le terme «déréglementation» et son corollaire «réglementation» sont peut-être trop généraux et recouvrent des réalités voisines mais différentes.

2.1. Des distinctions nécessaires

Il faut d'abord distinguer le processus même de réglementation de la question de fond proprement dite.

Le processus de réglementation renvoie au mécanisme d'adoption des règlements au sens strict, c'est-à-dire des actes normatifs à caractère général et impersonnel, édictés en vertu des lois et qui, lorsqu'ils sont en vigueur, ont force de loi.

---

11. «Les industries récréotouristiques à l'heure de la privatisation et de la déréglementation», colloque organisé par le Centre d'études du tourisme, les 25 et 26 septembre 1986 dans le cadre des activités soulignant la Journée mondiale du tourisme 1986.
12. GROUPE DBSF (1998). *Étude visant l'allégement législatif et réglementaire applicable à certaines activités touristiques*, Montréal, Rapport d'étape 2, présenté à Tourisme Québec, 23 p.
13. ACTA-QUÉBEC (1996). *Pour une révision de la Loi et du Règlement sur les agents de voyages du Québec*, Montréal, ACTA-Québec.

La question de fond porte plutôt sur le contenu même de la réglementation qui comprend, au sens large, toutes les contraintes découlant des règlements d'application des lois et celles prévues par les lois elles-mêmes ou découlant des décisions des organismes qui régissent l'activité des individus, des groupes ou des entreprises.

Sur ce dernier point, on peut faire une autre distinction entre la réglementation économique et la réglementation sociale. La première regroupe les dispositions législatives et réglementaires dont l'objet principal est d'assurer le fonctionnement efficace du marché : ces dispositions touchent principalement le contrôle des prix et des profits et la structure même du marché dans les industries. La seconde correspond à une spécification de normes de conduite et de standards de performance qui transcendent souvent les frontières sectorielles et qui s'inscrivent dans les efforts entrepris par les gouvernements pour mettre en œuvre divers objectifs sociaux. La réglementation sociale renvoie, entre autres, aux normes minimales de travail, à celles relatives à la santé et à la sécurité des travailleurs, à la protection du consommateur et à la protection de l'environnement[14].

Lorsque l'on parle de déréglementation, de quoi s'agit-il au juste ? Souhaite-t-on réduire le recours à la législation déléguée ou du moins rendre plus transparent le processus d'adoption des règlements au sens strict ?

Plusieurs motifs sont invoqués pour expliquer l'importance du pouvoir réglementaire, c'est-à-dire, principalement, celui du conseil des ministres d'adopter des règlements d'application au sens strict : le manque de connaissances techniques chez les parlementaires, la nécessité de prendre des décisions rapides et même le besoin d'expérimenter certaines mesures législatives. Dans un domaine aussi complexe et technique que le tourisme, on a souvent eu recours à la législation déléguée pour préciser les dimensions techniques et opérationnelles, mais aussi pour adopter des orientations de fond. C'est par voie de règlement (et non dans le texte principal de la loi) que sont déterminées, par exemple, les qualités requises pour être un agent de voyages ou les catégories d'établissements exclues de l'application de la Loi sur les établissements d'hébergement touristique.

Le rapport Scowen proposait une série de mesures pour rendre plus démocratique et transparent l'exercice du pouvoir réglementaire au sens strict, dont certaines furent reprises, sinon à la lettre, au moins en esprit, dans la Politique relative à l'allégement réglementaire, adoptée au milieu

---

14. GROUPE DE TRAVAIL SUR LA DÉRÉGLEMENTATION (1986). *Op. cit.*, p. 9-10 ; Louis JOLIN (1986). « Faut-il déréglementer l'industrie touristique ? », *Téoros*, vol. 5, nº 3, p. 27-29.

des années 1990, et concrétisée dans le Décret 1362-96 du 6 novembre 1996[15]. Parmi les mesures de ce décret, on trouve celle qui oblige à effectuer une étude d'impact pour tout projet de règlement susceptible d'affecter les entreprises de façon significative. Dès 1986, la Loi sur les règlements (*L.R.Q.*, c. R-18.1) avait comme objectifs de permettre un meilleur contrôle de la réglementation et de conférer aux parlementaires un regard sur ce sujet. Sauf urgence, tout projet de règlement doit, depuis lors, faire l'objet d'une publication dans la *Gazette officielle du Québec* au moins quarante-cinq jours avant son entrée en vigueur afin de permettre à toute personne intéressée de faire des représentations s'il y a lieu.

Si toutes ces mesures peuvent avoir des conséquences sur la diminution du nombre de règlements au sens strict, on ne parle pas ici de déréglementation comme telle, mais d'amélioration du processus même de réglementation.

Lorsqu'il est question de déréglementation, souhaite-t-on plutôt carrément alléger le fardeau réglementaire des entreprises ? C'est dans cette perspective que l'on doit discuter de la question. Le rapport Scowen, en plus de proposer des mesures pour améliorer le processus d'adoption des règlements, prônait à la fois une diminution de la réglementation sociale et une diminution de la réglementation économique. La politique de 1996 relative à l'allégement réglementaire allait aussi dans ce sens, mais elle imposait des limites à la déréglementation pour ce qui touchait à la santé et à la sécurité de la population en général et des travailleurs en particulier et en ce qui concernait la protection de l'environnement. Cependant, la protection du consommateur comme telle ne semblait pas constituer une limite, sauf sous les aspects de sa santé et de sa sécurité. Le plan d'action de 2004 le précisa de la manière suivante : « Dans les actions réglementaires, les gouvernements font face au défi de trouver un équilibre satisfaisant entre deux objectifs également souhaitables : d'une part, celui d'assurer la protection des personnes, de la propriété, des ressources et de l'environnement et, d'autre part, celui de laisser aux entreprises une liberté d'action suffisante leur permettant d'innover, d'être compétitives et de créer de la richesse et de l'emploi[16]. » Le nouveau Groupe de travail sur la simplification réglementaire semble vouloir travailler dans le même sens.

---

15. Décret 1362-96 du 6 novembre 1996 concernant l'organisation et le fonctionnement du Conseil exécutif et les règles relatives à l'allégement des normes de nature législative ou réglementaire, modifié par le Décret 391-99 du 14 avril 1999.
16. SECRÉTARIAT DU COMITÉ MINISTÉRIEL DE LA PROSPÉRITÉ ÉCONOMIQUE ET DU DÉVELOPPEMENT DURABLE (2004). *Op. cit.*, p. 5.

Le secteur du transport (par avion, par autobus, etc.)[17] a connu un important mouvement de déréglementation économique qui a été une source d'innovations et de créativité : de nouveaux services ont vu le jour, les prix ont baissé sur certains parcours importants, du moins durant une certaine période. Par contre, des services ont diminué sur les parcours les moins rentables ou sont offerts à des prix prohibitifs et les employés ont vu, globalement, une détérioration marquée de leurs conditions de travail. Il est difficile d'envisager la déréglementation économique, qui peut libérer des énergies et contribuer à la croissance, sans tenir compte de ses répercussions sociales.

En ce qui concerne la déréglementation sociale, les raisons invoquées plus haut pour justifier l'intervention législative et réglementaire des États demeurent valables. Les caractéristiques spécifiques du tourisme, la situation de vulnérabilité du touriste et des communautés d'accueil, l'ampleur du phénomène à l'échelle mondiale qui dépasse les seuls intérêts à court terme des prestataires de services militent en faveur du maintien et du renforcement d'une réglementation sociale.

En outre, comment prôner et justifier dans ce secteur un assouplissement de la réglementation en matière de conditions de travail ? Le tourisme est certes un secteur créateur d'emplois, mais les conditions ne sont pas toujours des plus reluisantes : beaucoup d'emplois saisonniers, beaucoup d'emplois temporaires dont la rémunération n'est pas très élevée et frôle le salaire minimum. Les avantages sociaux sont souvent quasi inexistants. Dans ce contexte, faut-il réellement diminuer la réglementation ? Ne faudrait-il pas l'accroître pour assurer une plus grande stabilité chez les travailleurs et, par voie de conséquence, plus de professionnalisme ? Les intérêts à long terme de l'industrie touristique passent-ils par une réduction ou par une augmentation de la réglementation sociale ? Poser la question, c'est y répondre, mais les moyens envisagés divisent le patronat et les syndicats en ce qui concerne les modifications souhaitables au Code du travail, notamment pour permettre l'accréditation sectorielle.

---

17. Quelques références en ce qui concerne la déréglementation du transport : Fred LAZAR (1984). *Déréglementation de l'industrie du transport aérien au Canada : une charade. La théorie du chaînon manquant, les faits déformés*, Toronto, Key Porter Books, 175 p. ; Laurie PICKUP et collab. (1991). *Bus Deregulation in the Metropolitan Areas, Oxford Studies in Transport*, Aldershot, Avebury, 264 p. ; Serge LE BRUN et Jacques ROY (1992). *Le transport aérien au Canada : l'impasse des déréglementations*, Document de travail n° 92-02, Montréal, Université du Québec à Montréal, 18 feuillets ; Gérard BÉRUBÉ (1994). « Les transporteurs aériens dans une ère de profonds changements », *Forces*, n° 106, p. 48-62 ; Jean VARLET (1997). « La déréglementation du transport aérien et ses conséquences sur les réseaux et les aéroports », *Annales de géographie*, n°s 593-594, p. 205-217.

2.2. Des solutions de remplacement bancales

La Politique québécoise relative à l'allégement réglementaire (1996) demandait à tous les ministères et organismes de procéder à un inventaire, aussi exhaustif que possible, de la réglementation qui affecte les entreprises, de produire des plans de révision de la réglementation dont ils sont responsables dans la perspective d'un allégement et d'envisager des solutions de remplacement.

Tourisme Québec a amorcé en 1997 une telle démarche au regard de ce qui est applicable aux établissements touristiques. Dans la foulée de cet examen, Tourisme Québec a aussi entrepris, avec ses partenaires, l'élaboration d'un programme de qualité pour l'industrie touristique.

Bien que les deux démarches soient indépendantes l'une de l'autre, elles ont donné lieu à des interrogations qui étaient susceptibles de les relier. Un programme de qualité ne pourrait-il pas se substituer à la réglementation existante? Ne pourrait-il pas représenter une solution de remplacement advenant une déréglementation du secteur? Dans cette perspective, ne pourrait-on pas encourager la responsabilisation des acteurs touristiques et les inviter à se doter de codes d'éthique et de déontologie pour régir leurs conduites plutôt que de s'en remettre au gouvernement?

Divers moyens peuvent effectivement être mis en œuvre pour assurer la protection des consommateurs et augmenter la qualité du service à leur endroit. Mais ils sont de nature différente et il faut éviter tout amalgame tendancieux.

La qualité dans les services touristiques peut être définie « comme la recherche de l'excellence dans l'ensemble des éléments nécessaires pour fournir une expérience touristique plaisante et gratifiante[18] ». Un programme de qualité comprend généralement plusieurs dimensions : les aspects matériels, les aspects humains et les aspects marketing. Un tel programme conduit généralement à une certification et implique le recours à des normes, ce qui est plus facile à réaliser dans le cas d'un produit que d'un service. Ces normes ne sont généralement pas de nature juridique, mais elles sont souvent proposées ou reconnues par des organismes nationaux ou internationaux de normalisation qui effectueront la certification.

Les programmes de qualité peuvent aussi recourir à la labellisation par laquelle un organisme affirme que ses membres respectent un « règlement interne » qui impose un niveau de qualité et des exigences professionnelles. Ce « règlement interne » peut prendre l'allure d'un code d'éthique et il est habituellement plus sévère que ce qui est exigé par la loi.

---

18. GROUPE DBSF (1998). *Élaboration d'un programme qualité pour l'industrie touristique au Québec*, Montréal, Rapport d'étape 1, présenté à Tourisme Québec, p. 4.

Mais qu'il s'agisse d'un programme de qualité en bonne et due forme ou de la mise en œuvre d'un code d'éthique, partie intégrante ou non d'un programme de qualité, on est en présence d'initiatives et de mesures qui ont un caractère à la fois volontaire et facultatif, en ce sens qu'elles ne sont pas opposables à tous et ne sont pas sanctionnées par l'autorité publique. Bien sûr, ceux qui veulent obtenir la certification ou un label de qualité devront obligatoirement respecter les normes convenues ou le code d'éthique de leur association sectorielle, mais ce sera à la suite d'une démarche libre et volontaire. On est ici à l'extérieur de la règle de droit proprement dite et on ne poursuit pas les mêmes objectifs.

C'est le fait que la règle de droit soit obligatoire et sanctionnée par l'autorité qui la distingue de toute autre règle qui régit l'activité humaine. La mise en œuvre d'un programme de qualité ou d'un code d'éthique peut certes contribuer à offrir un produit ou un service de meilleure qualité et accroître la protection du consommateur, mais elle ne peut pas contrer tous les abus et sanctionner les comportements déviants… sauf si ces programmes deviennent obligatoires et sanctionnés par l'autorité publique !

CHAPITRE 2

LA PROTECTION DU CONSOMMATEUR ET LE DROIT ADMINISTRATIF ET PÉNAL APPLICABLE À L'ACTIVITÉ TOURISTIQUE

Luc Bihl définit le droit pénal de la consommation comme « l'ensemble des incriminations pénalement sanctionnées ayant pour objet d'assurer le respect des règles édictées pour assurer l'équilibre des rapports entre professionnels et consommateurs[1] ».

Au moment de leur adoption en 1866, les dispositions du Code civil du Bas-Canada reflétaient pour la plupart l'idéologie du consensualisme, c'est-à-dire que la convention ou le consentement des parties est source ultime du droit. Mais, particulièrement dans la seconde moitié du XXe siècle, avec le développement des grandes entreprises, l'arrivée de la publicité de masse et l'utilisation de techniques de vente agressives, l'équilibre entre les parties s'est trouvé rompu en maintes occasions. C'est pourquoi les gouvernements ont voulu rétablir l'équilibre et

1. Luc BIHL (1989). *Le droit pénal de la consommation*, Paris, Nathan, p. 19.

protéger le consommateur en adoptant des lois dont les dispositions sont obligatoires impérativement. Certaines de ces dispositions peuvent, sur le plan du droit civil, toucher au contenu et à la forme mêmes des contrats entre les commerçants et les consommateurs, le consensualisme laissant alors la place au formalisme.

D'autres dispositions visent plutôt à réglementer l'exercice de certaines activités effectuées par les commerçants ou les professionnels, et leur non-respect est sanctionné pénalement. Font l'objet du présent chapitre ces dispositions législatives et réglementaires à caractère pénal, dans le domaine du tourisme, auxquelles s'ajoutent celles de nature administrative qui concernent l'octroi de permis. L'ensemble de ces dispositions porte sur l'hébergement touristique, l'organisation et la vente de voyages et de séjours ainsi que sur le transport des voyageurs.

1. L'HÉBERGEMENT TOURISTIQUE

Pour mieux apprécier l'encadrement actuel de l'hébergement touristique, un bref retour sur l'ancien régime de la Loi sur l'hôtellerie (*L.R.Q.*, c. H-3) s'impose.

1.1. L'ancien régime de la Loi sur l'hôtellerie

L'intervention législative dans le domaine de l'hôtellerie remonte à de très nombreuses années. Avant les années 1960, les hôteliers québécois devaient se conformer principalement aux dispositions de deux lois : la Loi de l'inspection des hôtels et la section II de la Loi des licences. Ces deux lois furent abrogées au moment de l'adoption, en 1963, de la Loi sur l'hôtellerie. Cette loi fut complétée, au fil des ans, par quatre règlements d'application : le Règlement sur les bureaux d'informations touristiques (H-3, r. 1), le Règlement sur les établissements hôteliers et les restaurants (H-3, r. 3), le Règlement sur les campings (H-3, r. 2) et le Règlement sur les hôtelleries nordiques (H-3, r. 4). Elle demeura en vigueur jusqu'en 1991.

La Loi sur l'hôtellerie mettait en œuvre une technique personnelle de contrôle (par opposition à une technique réelle de contrôle – reliée à la chose – qui renvoie à la classification des établissements)[2] en imposant un permis à celui qui veut exploiter un établissement hôtelier, un restaurant, un terrain de camping ou un bureau d'informations touristiques.

---

2. François SERVOIN (1981). *Institutions touristiques et droit du tourisme*, Paris, Masson, p. 13.

Cette loi ne contenait que quatorze articles, mais les règlements étaient plus détaillés et « consistants », bien que le Règlement sur les établissements hôteliers et les restaurants ait été substantiellement « dégraissé » en 1984 à la faveur d'un courant de déréglementation qui l'a fait passer de cent soixante-cinq articles à moins de cinquante.

Même si elle relevait du ministre du Tourisme et non du président de l'Office de protection du consommateur (OPC), comme c'est le cas pour la Loi sur les agents de voyages (*L.R.Q.*, c. A-10) qui sera analysée un peu plus loin, la Loi sur l'hôtellerie était en pratique une loi de protection du consommateur.

Cependant, malgré des définitions très larges « d'établissement hôtelier » ou de « restaurant » à l'article 1, le champ d'application de la Loi sur l'hôtellerie était dans les faits plus restrictif à cause des articles 3 et 5.1 du Règlement sur les établissements hôteliers et les restaurants.

N'étaient pas assujettis à ce règlement les établissements de bien-être social, de charité ou d'éducation sauf s'ils admettaient des clients qui n'étaient ni résidants, ni étudiants, professeurs ou employés ; les pourvoyeurs de chasse et de pêche au sens de la Loi sur la conservation de la faune (*L.R.Q.*, c. C-61) ; les établissements à l'intention exclusive des employés de l'entreprise à qui appartenaient ces établissements ; les clubs privés exploités à l'intention exclusive des membres ou de leurs invités ; les camps, les colonies de vacances, les auberges de jeunesse, les centres et bases de plein air et les établissements du ministère du Loisir, de la Chasse et de la Pêche[3].

En ce qui concerne la formule du gîte touristique (hébergement chez un particulier moyennant rémunération), la Loi sur l'hôtellerie l'interdisait ou à tout le moins la restreignait considérablement par son article 9 :

> Nul ne peut fournir à un voyageur, moyennant paiement, le logement ou la nourriture dans une maison particulière ou dans un local autre qu'un établissement hôtelier, sauf si cette maison ou ce local est situé dans une municipalité où il n'y a pas d'établissement hôtelier ni de restaurant, si dans les établissement hôteliers ou les restaurants de la municipalité, il n'y a pas l'espace ou l'aménagement suffisants pour recevoir tous les visiteurs, ou, si lors d'événements régionaux publics d'envergure, cette maison particulière ou ce local est accrédité.

Ces exclusions ou interdictions ont provoqué de vifs débats au milieu des années 1980, de même que l'avènement d'un nouveau régime juridique.

3. Ce ministère n'existe plus et les responsabilités en matière de loisir sont assumées maintenant par le ministère de l'Éducation, du Loisir et du Sport.

1.2. Le régime de la Loi sur les établissements touristiques

L'exclusion du Règlement d'application des équipements de tourisme social[4] – que sont notamment les camps, les colonies de vacances, les auberges de jeunesse, les bases de plein air – s'expliquait par le fait que ces établissements étaient, pour une bonne partie d'entre eux, subventionnés par le ministère du Loisir, de la Chasse et de la Pêche et qu'ils étaient *de facto* soumis à un certain contrôle par ce ministère tout en devant respecter les dispositions de lois générales comme la Loi sur la sécurité dans les édifices publics ou la Loi sur la qualité de l'environnement. En outre, les normes imposées par le Règlement sur les établissements hôteliers et les restaurants n'étaient pas bien adaptées à ces catégories d'établissements.

Mais la baisse des subventions aux établissements de tourisme social a amené plusieurs d'entre eux à diversifier leur offre de services et à lorgner des clientèles traditionnellement acquises aux hôteliers afin d'assurer leur survie. Les hôteliers et les restaurateurs arguaient alors que le maintien de l'exclusion créait une politique du «deux poids, deux mesures». Ils réclamaient que le gouvernement y mette fin et que soit appliqué plus rigoureusement l'article 9 de la loi devant la prolifération des gîtes touristiques. Cette prolifération, en dehors des exceptions prévues à l'article 9, répondait cependant à une forte demande pour ce type d'hébergement.

Par ailleurs, les associations représentatives des établissements de tourisme social, incluant les gîtes touristiques, souhaitaient de plus en plus une reconnaissance légale de leurs établissements pour sortir de la marginalité dans laquelle ils étaient confinés pourvu que la réglementation soit adaptée à leur réalité propre.

C'est dans ce contexte que fut votée, en 1987, la Loi sur les établissements touristiques (*L.R.Q.*, c. E-15.1), qui entrera en vigueur quatre ans plus tard, tant furent longues les tractations pour préparer le règlement d'application afin de tenir compte des spécificités propres à chaque catégorie d'établissement.

Par comparaison avec la Loi sur l'hôtellerie, la nouvelle loi maintenait l'approche de protection du consommateur sous trois aspects: identité du tenancier, services minima et normes d'aménagement, information

---

4. Par tourisme social, l'Organisation internationale du tourisme social entend «l'ensemble des rapports et des phénomènes concernant la participation, tant au sein des populations des pays visités qu'au sein de celles qui partent en vacances, des couches sociales aux revenus modestes ou présentant certaines caractéristiques pouvant restreindre leur accessibilité au tourisme, aux vacances et à leurs bénéfices. Cette participation est rendue possible ou facilitée par la combinaison de politiques et mesures sociales bien définies, et de l'engagement des acteurs de la société civile» (OITS, 2010).

et publicité. Elle n'exigeait toujours pas d'expérience minimale ni de formation pour détenir un permis d'établissement touristique, mais elle précisait qu'en plus des corporations à but non lucratif, « une régie intermunicipale, une communauté urbaine habilitée à faire la promotion du tourisme ou une municipalité autre qu'une municipalité régionale de comté peut être titulaire d'un permis pour exploiter un bureau d'information touristique » (article 5). Les principaux changements étaient les suivants :

- L'article 1 de la loi, combiné aux articles 1 à 16 du Règlement sur les établissements touristiques (E-15.1, r. 1), qui remplaçait les quatre règlements précédents, élargissait le champ d'application : on définissait plusieurs sous-catégories d'établissements d'hébergement pour intégrer les établissements de tourisme social auparavant exclus et les gîtes touristiques, qui devinrent une sous-catégorie bien définie entrant dans le champ d'application de la loi et du règlement. La loi « lie le gouvernement, ses ministères et ses organismes, sauf dans la mesure prévue par règlement du gouvernement » (article 3 de la loi), ce qui veut dire que les établissements touristiques appartenant à l'État devaient respecter les dispositions de la loi et du règlement, sauf exceptions.

- Les obligations du détenteur de permis étaient plus nombreuses dans le texte même de la loi, bien que précisées aussi dans le texte du règlement, notamment en ce qui concerne l'affichage du permis, du prix de location des unités d'hébergement, du prix des repas, du taux de change des devises étrangères (article 30 de la loi) et « l'obligation de ne pas exiger d'un client un prix plus élevé que celui qui est affiché » (article 31 de la loi).

- En ce qui a trait aux normes minimales de services et d'aménagement, si certaines étaient de portée générale pour tous les établissements d'hébergement, d'autres étaient adaptées aux diverses sous-catégories (articles 34 à 82 du règlement).

- Le pouvoir d'inspection était plus détaillé que dans la Loi sur l'hôtellerie ; on le retrouve aux articles 33 à 35 de la Loi sur les établissements touristiques, comparativement au seul article 12 de la Loi sur l'hôtellerie.

- L'article 11.1 de la Loi sur les établissements touristiques obligeait le détenteur de permis à respecter les dispositions de certaines lois sous peine de voir son permis suspendu, annulé ou non renouvelé.

- Le ministre responsable de la loi avait le pouvoir de classifier les établissements touristiques selon les normes prévues par règlement (article 23 de la loi) ; ce pouvoir de classification bénéficiait enfin d'une assise légale, ce qu'il n'avait pas eu auparavant malgré une vague trace à l'article 146 de l'ancien Règlement sur les établissements hôteliers et les restaurants. Ce nouveau pouvoir n'était cependant que théorique, car le règlement ne contenait aucune norme de classification.

- Enfin, quant au montant des amendes, le maximum était plus élevé que ce que l'on trouvait dans la Loi sur l'hôtellerie. Un montant minimum y était également prévu (articles 38 et 39 de la loi).

Si une loi constitue la cristallisation, à un moment donné, d'un rapport de forces, cette loi n'est pas figée pour autant et demeure toujours susceptible de faire l'objet de nouveaux débats qui entraîneront des modifications à brève échéance. C'est ce qui s'est produit avec la Loi sur les établissements touristiques quelques années à peine après son entrée en vigueur.

1.3. Les modifications subséquentes et la question de la classification

L'une des premières modifications importantes fut, en 1993, le transfert de l'administration des mesures relatives à la délivrance du permis pour l'exploitation d'un établissement de restauration au ministre de l'Agriculture, des Pêcheries et de l'Alimentation. Celui-ci délivrait déjà un permis pour le traitement des aliments en vertu des dispositions de la Loi sur les produits agricoles, les produits marins et les aliments (*L.R.Q.*, c. P-29)[5] et du Règlement sur les aliments (P-29.1, r. 1). Pour des raisons d'hygiène et pour assurer la sécurité du consommateur, ce règlement édicte des normes très précises quant à la préparation des aliments[6]. La modification s'inscrivait dans la volonté du gouvernement de « réduire la paperasse, d'alléger le coût administratif et le coût du permis comme tel[7] » et de répondre ainsi aux représentations de l'Association des restaurateurs, qui souhaitait que les restaurateurs n'aient qu'une seule démarche à effectuer pour obtenir les deux permis.

Une deuxième modification porta sur le remplacement, en 1997, de la procédure d'appel devant des juges de la Cour du Québec en cas de refus d'émission, de suspension, d'annulation ou de non-renouvellement de permis. La nouvelle procédure prévoyait l'appel devant le nouveau Tribunal administratif du Québec (article 15 de la loi et abrogation des articles 16 à 21).

5. Cette loi fut modifiée en 2000 pour devenir la Loi sur les produits alimentaires, *L.R.Q.*, c. P-29.
6. Voir l'annexe 1 à la fin de l'ouvrage.
7. « Débats de l'Assemblée nationale », *Journal des débats*, le mardi 12 mai 1993, p. 6312.

Une troisième modification porta sur le coût des permis afin de l'ajuster annuellement selon le taux d'augmentation cumulatif de l'indice général des prix à la consommation pour le Canada (article 29 du règlement).

Enfin, une série de modifications toucha de nouveau le champ d'application de la loi. En gros, un nouveau décret (D.746-97) obligeait tout établissement touristique d'hébergement offrant au moins une unité d'hébergement à se soumettre aux dispositions de la loi; en 1991, au moment de son entrée en vigueur, la loi avait exclu de son champ d'application les établissements de moins de quatre chambres, ce qui eut pour effet de voir se multiplier de nombreux gîtes touristiques de trois chambres et moins, qui offraient leurs services légalement sans être astreints au normes de protection du consommateur prévues dans la loi et sans être obligés de détenir un permis. Là encore, les représentants d'hôteliers et de gîtes considéraient que l'on se retrouvait dans une situation de « deux poids, deux mesures » et ils demandaient que l'on y mette fin. Dans le même esprit, le gouvernement ajouta une nouvelle sous-catégorie, les « villages d'accueil », afin de réglementer ceux qui accueillent de façon organisée et moyennant un prix forfaitaire des touristes dans les résidences privées et offrent des activités d'accueil et d'animation (article 9.1 du règlement).

Comment comprendre cet élargissement du champ d'application dans un contexte où le gouvernement voulait surtout déréglementer ? En fait, cette décision fut le fruit d'un compromis qui excluait du champ d'application de la loi les campings et les établissements de la sous-catégorie « meublés rudimentaires » (article 15 du règlement), tout en refusant un règlement qui aurait rendu obligatoire la classification des établissements, du moins des hôtels, comme le souhaitaient Tourisme Québec et les associations hôtelières.

En 1987, au moment de l'adoption de la loi, le législateur voulait donner une assise légale à la classification obligatoire pratiquée alors et consistant à attribuer des *fleurs de lys* aux hôtels et des *fourchettes* aux salles à manger de ces derniers. Le programme d'avant 1987 était à caractère administratif, discutable sur le plan légal. En donnant le pouvoir au ministre de classifier les hôtels selon les normes prévues au règlement, l'Assemblée nationale du Québec ajoutait une technique réelle de contrôle (en droit, liée à la chose, à l'établissement) à la technique personnelle de contrôle (en droit, liée à la personne qui doit détenir un permis). Dans beaucoup de pays, il n'existe que la technique réelle de contrôle, que représente la classification, et la pratique comme telle de l'activité hôtelière demeure libre, n'étant pas soumise à l'obtention d'un permis ou d'une licence.

Malgré le pouvoir qu'avait le gouvernement d'adopter un règlement de classification, ce dernier, confronté à la crise des finances publiques et porté par un vent de déréglementation, n'a pas voulu s'engager dans cette voie et a plutôt appuyé la mise en œuvre au Québec d'un programme de classification volontaire, connu sous le nom de *Canada Select*, qui devait être appliqué à la grandeur du Canada. À cet effet, le gouvernement finança la mise sur pied de la Corporation des services aux établissements touristiques québécois (CSETQ), chargée de promouvoir le programme au Québec et d'effectuer la classification.

Le changement de gouvernement en 1994 remit en question cette approche pour deux raisons: le programme *Canada Select* n'avait pas eu le succès escompté (à peine 15 % des établissements hôteliers, représentant néanmoins 35 % des chambres offertes, avaient adhéré au programme[8]) et le gouvernement du Parti québécois n'était pas chaud à l'idée de promouvoir un programme canadien. La CSETQ, en accord avec ses partenaires (les associations hôtelières surtout) et Tourisme Québec, cessa d'offrir le programme *Canada Select* et travailla à la préparation d'un règlement en vue de l'implantation d'un nouveau programme obligatoire.

Malgré l'appui de l'industrie hôtelière, ce projet de règlement n'a pas vu le jour, car il s'est heurté à la désapprobation du Secrétariat à l'allégement réglementaire, qui accepta en contrepartie les amendements contenus dans le Décret 746-97. Ces amendements, rappelons-le, soumettaient entre autres les établissements d'une seule unité d'hébergement aux dispositions de la loi, tout en excluant de son champ d'application les campings, vu la difficulté de faire respecter les dispositions par tous, surtout à ceux situés dans les parcs ou les réserves fauniques, et vu l'existence d'un programme de classification volontaire mis en place par Camping Québec.

En ce qui concerne la classification hôtelière, la CSETQ et ses partenaires entreprirent de nouvelles consultations pour remettre sur pied un programme volontaire, *Hébergement Québec*, assorti de plusieurs mesures incitatives afin de le rendre attrayant. Un protocole d'entente entre Tourisme Québec et la CSETQ confirma la mise sur pied du programme qui se révèle nettement plus populaire que *Canada Select*, car moins dispendieux pour les établissements classifiés: à la fin de 1998, 82 % des établissements hôteliers avaient adhéré au programme[9] et, en 1999, celui-ci commença à s'ouvrir aux gîtes touristiques et aux résidences de tourisme.

---

8. Données fournies par la Corporation des services aux établissements touristiques québécois (CSETQ).
9. *Ibid.*

Le programme de classification *Hébergement Québec* consistait en l'attribution d'un certain nombre d'*étoiles* comme c'est le cas dans de nombreux pays. Il s'agissait, pour les hôtels, d'une classification uniforme, basée sur des normes internationales, qui comportait six niveaux de classement, soit 0, 1, 2, 3, 4, 5 étoiles. « Chaque niveau reflète l'indice de confort et de service de l'établissement hôtelier. La classification sera établie en fonction d'un système de pointage relatif aux différents aspects d'un établissement hôtelier[10]. » Le niveau 0 était accordé à un établissement dont l'aménagement respectait seulement les normes minimales du Règlement sur les établissements touristiques.

C'est, à toutes fins pratiques, le même programme qui touchait aussi les résidences de tourisme (appartements, copropriétés, maisons et chalets dotés d'une cuisinette), tandis que les gîtes touristiques étaient classés selon un programme similaire mais dont les niveaux étaient symbolisés par un nombre de *soleils* plutôt que d'*étoiles*.

1.4. Le régime actuel de la Loi sur les établissements d'hébergement touristique

Le régime actuel, tributaire des évolutions mentionnées ci-dessus, a vu le jour en 2000 mais il a subi des modifications importantes en 2010.

1.4.1. La suppression du permis et l'obligation d'une attestation de classification

La Politique québécoise relative à l'allégement réglementaire prévoyait que tous les ministères et organismes gouvernementaux devaient procéder à un inventaire, aussi exhaustif que possible, de la réglementation qui affecte les entreprises et produire des plans de révision de la réglementation dont ils assumaient la responsabilité. Avec l'aide d'un comité consultatif, composé de représentants de l'industrie, et d'une firme de consultation, Tourisme Québec a réalisé en 1998 cet inventaire et a reçu diverses propositions pour, à la fois, alléger et rendre plus cohérente la réglementation qui s'appliquait aux établissements touristiques[11].

L'inventaire révéla que, sous la responsabilité de nombreux ministères et régies, plusieurs lois et règlements encadraient l'activité des entreprises entrant dans le champ d'application de la Loi sur les établissements

10. CESTQ (1998). *Bulletin d'information à l'intention des propriétaires d'établissements hôteliers du Québec*, Montréal, CSETQ en collaboration avec Tourisme Québec, p. 2.
11. GROUPE DBSF (1998). *Propositions relatives à l'allégement législatif et réglementaire applicable à certaines activités touristiques*, Rapport à des fins de discussion présenté à Tourisme Québec.

touristiques et que ce n'était pas cette dernière qui imposait le fardeau le plus lourd. Au contraire, le poids réglementaire qu'ont à supporter les établissements de restauration, pour ne mentionner qu'eux, vient plus du Règlement sur les aliments ainsi que des dispositions de la Loi sur les permis d'alcool (*L.R.Q.*, c. P-9.1) et de la Loi sur les infractions aux boissons alcooliques (*L.R.Q.*, c. I-8.1)[12] que de la Loi et du Règlement sur les établissements touristiques. Les pourvoiries, quant à elles, doivent respecter les dispositions de la Loi sur la conservation et la mise en valeur de la faune (*L.R.Q.*, c. C-61.1) et de ses règlements en plus d'être soumises à un régime de classification obligatoire.

Parmi les mesures proposées à la suite de l'inventaire, on retient celle qui consiste à restreindre le champ d'application de la Loi sur les établissements touristiques aux établissements d'hébergement seulement, ce qui aurait pour effet de sortir du cadre de la loi les restaurants et les bureaux d'information touristique et d'y réintroduire les campings, du moins ceux qui accueillent des touristes et pas seulement des saisonniers[13]; d'autres propositions portent sur l'introduction, dans la loi, d'un pouvoir de délégation possible à un tiers pour l'application des dispositions législatives et réglementaires et de programmes de classification qui pourraient devenir obligatoires.

Dans la foulée de ces dernières propositions, le gouvernement du Québec adopta, en juin 2000, le projet de loi 127, Loi modifiant la Loi sur les établissements touristiques (*L.Q.*, 2000, c. 10). Depuis son entrée en vigueur en 2001, le titre de la loi est « Loi sur les établissements d'hébergement touristique[14] ». Comme le titre l'indique, sont donc exclus comme tels du champ d'application de la loi les restaurants et les bureaux d'information touristique. Seuls sont concernés les « établissements qui offrent, contre rémunération, de l'hébergement à des touristes » (nouvel article 1). Outre le champ d'application, le principal changement consiste à remplacer l'obligation pour l'exploitant d'un établissement d'hébergement touristique de détenir un permis par celle de détenir une attestation de classification délivrée par le ministre. La classification est faite par un organisme reconnu par le ministre et selon des critères établis par l'organisme mais approuvés

12. Voir l'annexe 2 à la fin de l'ouvrage.
13. Dans la cause « Sa Majesté la Reine c. Claude Colette » (Cour du Québec, chambre criminelle et pénale, n° 765-61-000589-952, non publiée), le juge Ronald Dudemaine soutient qu'un lieu qui offre des sites en location sera considéré comme un camping au sens de la Loi sur les établissements touristiques si ce qu'on y pratique « réfère essentiellement à l'utilisation de tentes pour une activité de plein air provisoire ». *A contrario*, le juge considère qu'un lieu où l'on ne trouve « nulle tente ou tente roulotte, nulle installation reflétant clairement le temporaire » n'a pas besoin « d'un permis d'opération d'un établissement touristique pour fins de camping ».
14. Loi sur les établissements d'hébergement touristique, *L.R.Q.*, c. E-14.2.

par le ministre (article 7). Elle est faite également dans le cadre des catégories d'établissements d'hébergement touristique déterminées par règlement du gouvernement.

Un nouveau règlement[15] fut justement adopté en 2001. Il reprend pour l'essentiel les sous-catégories de la catégorie « hébergement touristique » de l'ancien règlement : établissements hôteliers, résidences de tourisme, meublés rudimentaires, centres de vacances, gîtes, villages d'accueil, auberges de jeunesse, établissements d'enseignement, établissements de camping. Tous doivent obtenir une attestation de classification conformément à l'article 6 de la loi, sauf les « établissements d'hébergement touristique de la catégorie "établissements d'enseignement" s'ils ne louent des unités d'hébergement qu'à leurs étudiants et ceux de la catégorie "meublés rudimentaires" » (article 8 du règlement). Les pourvoiries n'étaient toujours pas assujetties à la loi en vertu de l'article 1 du règlement.

La Corporation de l'industrie touristique du Québec (CITQ), qui a succédé à la CSETQ, a reçu le mandat ministériel de classification pour toutes les catégories d'hébergement à l'exception des meublés rudimentaires, non assujettis à l'obligation d'attestation, et des campings pour lesquels le mandat de classification a été accordé au Conseil de développement du camping au Québec.

À l'exception des gîtes qui peuvent se voir décerner entre zéro et cinq soleils, les autres établissements se voient attribuer des étoiles, le maximum étant de cinq étoiles. C'est seulement depuis 2009 que toutes les catégories d'établissements donnent accès au 5e niveau (cinq étoiles ou cinq soleils pour les campings) ; auparavant, des établissements de certaines catégories ne pouvaient obtenir que trois ou quatre étoiles[16].

La classification porte sur la chose, c'est-à-dire sur l'établissement lui-même, dont on évalue le confort, l'aménagement et l'éventail de services et de commodités par un système de pointage. En 2009, la CITQ a procédé à une mise à jour des critères en introduisant « des mesures favorisant le tourisme durable qui feront désormais partie de l'évaluation des établissements[17]. » Avec ce changement législatif, le Québec rejoint ainsi plusieurs pays qui ont choisi une technique réelle de contrôle, par la classification de l'établissement, plutôt qu'une technique personnelle de contrôle par l'obligation de détenir un permis. La classification est devenue finalement obligatoire comme le souhaitaient la plupart des associations d'hébergement. Les critères ne font pas l'objet d'un règlement à proprement parler, mais

15. Règlement sur les établissements d'hébergement touristique, c. E-14.2, r. 1.
16. CITQ (2009). « Changement majeur au programme officiel de classification de l'hébergement touristique du Québec », *Communiqué*, 3 mars.
17. *Ibid.*

sont élaborés par un organisme reconnu de la société civile et sont approuvés par le ministre. *A priori*, il s'agit d'un heureux compromis entre les volontés d'allégement réglementaire et les exigences de maintien d'un contrôle assez sévère pour l'information et la protection du consommateur.

La loi mentionne les bureaux d'information touristique, dénommés maintenant lieux d'accueil et de renseignements touristiques, même s'ils sont désormais exclus pour l'essentiel de son champ d'application. En effet, l'article 32 énonce que seule une personne autorisée par le ministre peut exposer une enseigne ou une affiche suggérant qu'il s'agit d'un lieu d'accueil et de renseignements touristiques, et l'article 40 pénalise sévèrement une contravention à l'article 32. L'autorisation du ministre n'est plus accordée en vertu d'une loi ou d'un règlement, mais selon la Politique relative aux lieux d'accueil et de renseignements touristiques et le *Guide des critères d'agrément*[18] qui en découle. Dans ce guide, il est dit qu'un lieu d'accueil et de renseignements touristiques doit être exploité par un organisme public ou une corporation sans but lucratif, à des fins publiques, collectives et non lucratives.

1.4.2. Un meilleur encadrement du processus d'attestation et un élargissement de la portée de la loi

Les derniers changements importants apportés à la Loi et au Règlement sur les établissements d'hébergement touristique remontent à la fin de la dernière décennie. Ils visent à mieux encadrer le processus d'attestation et à apporter des clarifications aux définitions de certaines catégories d'établissements d'hébergement. Les principaux changements sont les suivants :

- La loi s'applique maintenant aux pourvoiries (article 2 de la loi qui est maintenant abrogé et article 7 du règlement), mais permet au gouvernement de soustraire « une catégorie d'établissements ou, en tout ou en partie, un territoire ou une municipalité à l'application de la présente loi ou de certaines de ses dispositions » (article 7 de la loi). Il en est ainsi pour les établissements dont « l'hébergement est offert dans une pourvoirie visée par la Loi sur les droits de chasse et de pêche dans les territoires de la Baie James et du Nouveau Québec (*L.R.Q.*, c. D-13.1) » (article 8 du règlement).
- La catégorie « établissement hôtelier » perd son caractère résiduaire. Auparavant, tout hébergement qui n'entrait pas dans l'une ou l'autre des autres catégories d'hébergement était considéré comme un établissement hôtelier. Il existe maintenant une nouvelle catégorie dénommée « autres établissements d'hébergement » (article 7, par. 11 du règlement) et l'établissement hôtelier a sa propre définition, plus restrictive (article 7, par. 1 du règlement).

18. TOURISME QUÉBEC (2002). *Politique relative aux lieux d'accueil et de renseignements touristiques* et *Guide des critères d'agrément*, Québec, ministère du Tourisme.

- La demande d'attestation de classification doit contenir des renseignements et documents supplémentaires à ce qui était exigé auparavant, notamment un certificat « attestant que l'établissement ne contrevient à aucune réglementation municipale d'urbanisme relative aux usages adoptés en vertu de la Loi sur l'aménagement et l'urbanisme (*L.R.Q.*, c. A-19.1) » (article 10.1 du règlement) et une preuve d'assurance responsabilité d'au moins 2 000 000 $ par événement, sauf si l'exploitant est le gouvernement ou un organisme public (articles 10.1 et 11.1 du règlement).
- Enfin, l'obligation d'afficher le prix est supprimée pour toutes les catégories d'établissements d'hébergement. Déjà en 2000, la nouvelle exigence législative quant à l'affichage des prix ne protégeait plus autant les consommateurs : en effet dans les années précédentes, au moment de la demande de leur permis, les fournisseurs d'hébergement, sauf exceptions, devaient déclarer leurs prix maximums et ne pouvaient demander au consommateur un prix plus élevé que leurs prix déclarés et affichés. Depuis 2000, ils devaient uniquement afficher leurs prix « en permanence à la vue du public, dans un lieu destiné à l'accueil ou à l'enregistrement des clients » (article 15 du règlement) et ne pas exiger d'un client un prix plus élevé que celui affiché (article 31 de la loi), prix affiché qui pouvait changer selon les saisons et les événements. Cette exigence n'est plus : l'article 31 de la loi et l'article 15 du règlement étant abrogés.

Enfin, bien que le ministère du Tourisme demeure toujours responsable de l'application de la loi, la CITQ est devenue en 2010 gestionnaire de toutes les étapes nécessaires à l'obtention et au renouvellement d'une attestation de classification pour les établissements dont elle assure la classification[19].

Globalement, le système de classification incite les prestataires d'hébergement touristique à augmenter la qualité de leur établissement, selon M. Michel Rheault, directeur général de la CIQ, qui affirmait en 2010 : « Bien que l'application de nouveaux critères et d'une nouvelle échelle de classification rende impossibles les comparaisons avec les données de la tournée précédente, il n'en demeure pas moins toutefois que nous pouvons constater une amélioration constante du parc d'hébergement québécois[20]. »

---

19. CITQ (2010). « Guichet unique pour tout le processus d'attestation de classification », *Communiqué*, 25 janvier.
20. CITQ (2010). « La CITQ dévoile les résultats de sa dernière tournée de classification de l'hébergement touristique du Québec », *Communiqué*, 19 janvier.

2. L'ORGANISATION ET LA VENTE DE VOYAGES ET DE SÉJOURS

Cette section aborde l'encadrement de l'activité principale des agents de voyages, qui consiste à organiser ou à vendre des voyages et des séjours, ainsi que l'encadrement d'une activité accessoire que constitue la vente de l'assurance liée aux voyages.

2.1. La Loi sur les agents de voyages et ses comparables

La Loi sur les agents de voyages (*L.R.Q.*, c. A-10) est un fleuron du dispositif législatif québécois en matière de protection du consommateur. D'autres États ont également adopté des lois similaires.

2.1.1. Un aperçu de la Loi sur les agents de voyages

À la suite d'abus au début des années 1970 (fraudes et faillites retentissantes d'agences de voyages), le ministre québécois du Tourisme, de la Chasse et de la Pêche d'alors déposa en 1974, à l'Assemblée nationale, le projet de Loi sur les agents de voyages. En défendant son projet de loi, le ministre soutenait « qu'en visant à assainir la pratique commerciale des agents de voyages, nous nous préoccupons d'abord de la protection des touristes et des consommateurs de chez nous[21] ».

L'intention de protection du consommateur était clairement affirmée dès le dépôt du projet et les amendements qui ont suivi, notamment en 1977, en 1981, en 2002 et les tout derniers en 2009, n'ont fait qu'accentuer le caractère de protection du consommateur présent dans la loi[22].

L'article 2 de la loi définit un agent de voyages de la manière suivante :

> Aux fins de la présente loi, est un agent de voyages toute personne, société ou association qui, pour le compte d'autrui ou de ses membres, effectue ou offre d'effectuer l'une des opérations suivantes ou fournit ou offre de fournir un titre pour l'une de ces opérations :
>
> *a*) la location ou la réservation des services d'hébergement ;
>
> *b*) la location ou la réservation de services de transport ;
>
> *c*) l'organisation de voyages.

Dès 1974, l'article 3 de la loi excluait le pourvoyeur de son champ d'application, car il est déjà soumis à la Loi sur la conservation et la mise en valeur de la faune (*L.R.Q.*, c. C-61.1, au chapitre IV, section II). En 1977,

---

21. Débats de l'Assemblée nationale (1974). *Journal des débats*, vol. 15, 3 décembre, p. 3143.
22. Il faut souligner aussi les amendements au Règlement sur les agents de voyages, principalement ceux de 1977, de 2004 et de 2010.

le législateur introduisit d'autres exclusions qui, paradoxalement, confirmèrent que la loi est bien, d'abord et avant tout, une loi de protection du consommateur. Un amendement à l'article 3[23] a eu pour effet d'exclure de l'application de la loi les opérations d'agent de voyages si celles-ci «se rapportent à des voyages qui s'effectuent de façon occasionnelle et exclusivement au Québec et dont la durée n'excède pas soixante-douze heures» ou si celui qui exerce ces activités «ne perçoit aucune forme de rétribution dans le but d'accomplir ces opérations et qu'aucune dépense, participation ou contribution n'est effectuée, pour l'accomplissement de ces opérations, par celui qui en bénéficie».

Cet amendement répondait, entre autres, aux pressions des groupes d'aînés qui n'appréciaient pas du tout le fait de devoir passer par un agent de voyages ou obtenir eux-mêmes un permis d'agent de voyages pour organiser leurs excursions en autobus au Québec, d'une journée ou de quelques jours.

En acceptant de soustraire ces opérations à la loi, le législateur québécois rappelait qu'il ne s'agissait pas d'une loi à caractère corporatiste («en dehors des agents de voyages, point de salut!»), mais bien d'une loi de protection du consommateur et que, dans le cas de voyages de soixante-douze heures ou moins au Québec, le risque pour le consommateur n'était pas très élevé.

En 1981, la Loi sur les agents de voyages passa sous la responsabilité du ministre de l'Habitation et de la Protection du consommateur[24] et plus spécifiquement, dans les faits, sous celle de l'Office de protection du consommateur (OPC). Ce transfert de responsabilité parle de lui-même.

Des modifications furent apportées à l'article 3 de la loi en 2002 et en 2009 pour tenir compte des nouveaux comportements des prestataires touristiques québécois qui peuvent être amenés à effectuer, de manière accessoire, des opérations d'agent de voyages sans que la protection du consommateur soit réellement compromise. L'article 3 se lit maintenant comme suit:

> La présente loi ne s'applique pas:
>
> *a*) à celui qui exploite un établissement d'hébergement touristique régi par la Loi sur les établissements d'hébergement touristique (chapitre E-15.1) et qui offre des prestations touristiques au Québec accessoires à l'exploitation de son établissement conformément à ce qui peut être prévu par règlement;
>
> *b*) à celui qui organise des voyages de tourisme d'aventure au Québec et qui offre d'autres prestations touristiques au Québec accessoires à l'exploitation de son entreprise conformément à ce qui peut être prévu par règlement;

---

23. Cet amendement est resté en vigueur dans sa formulation d'origine jusqu'en 2002.
24. Depuis février 2005, le ministre de la Justice exerce les fonctions de ce ministre. Décret 121-2005 du 18/02/2005, (2005) 137 *G.O.Q.* 2, 874.

c) à un transporteur pour la location ou la réservation de ses services de transport;

d) à un pourvoyeur pour les activités de pourvoiries régies par la Loi sur la conservation et la mise en valeur de la faune (chapitre C-61.1) ou par la Loi sur les droits de chasse et de pêche dans les territoires de la Baie James et du Nouveau-Québec (chapitre D-13.1);

e) à un courtier immobilier ou son agent pour les activités de courtage régies par la Loi sur le courtage immobilier (chapitre C-73.1).

Elle ne s'applique pas également:

a) lorsque les opérations d'agents de voyages sont effectuées occasionnellement et exclusivement au Québec, soit par une association, société ou personne morale pour le compte de ses membres et pour un voyage d'au plus 72 heures, soit, dans les autres cas, pour un voyage d'au plus 48 heures;

b) lorsque celui qui effectue des opérations d'agent de voyages ne reçoit aucune forme de rétribution à cette fin et que celui qui en bénéficie n'effectue aucune dépense, participation ou contribution pour ces opérations;

c) dans les autres cas ou aux autres conditions déterminées par règlement.

En 2010, par des amendements au Règlement sur les agents de voyages, le gouvernement a précisé ce qu'est une prestation accessoire et les autres cas où la loi ne s'applique pas. Le libellé de l'article 1.1 du règlement est le suivant:

1.1. La Loi ne s'applique pas:

a) à la personne qui exploite un établissement d'hébergement touristique et qui offre des services touristiques de proximité en plus des services d'hébergement dans son établissement;

b) à la personne qui organise des voyages de tourisme d'aventure et qui offre des forfaits comportant, en plus de ses propres services, de l'hébergement en milieu naturel;

c) au pourvoyeur qui offre des services touristiques de proximité en plus des services d'hébergement dans les établissements inscrits à son permis ou qui organise et vend des forfaits ne comportant, en plus de ses propres services, que la réservation d'une nuitée de service d'hébergement à proximité de l'aéroport de réception à l'arrivée et au départ;

d) au titulaire d'un permis de transport nolisé par autobus délivré par la Commission des transports du Québec lorsqu'il effectue des opérations d'agents de voyages pour des voyages d'au plus 72 heures exclusivement au Québec;

e) au mandataire d'un titulaire de permis de transport interurbain par autobus délivré par la Commission des transports du Québec qui vend, dans des terminus d'autobus, des titres de transport interurbain par autobus;

f) à la chaîne hôtelière et au regroupement d'établissements hôteliers lorsqu'ils organisent des forfaits comportant l'hébergement dans plus d'un établissement de la chaîne ou du regroupement, mais ne comprenant aucun service de transport;

g) à la réservation pour le compte d'autrui d'une chambre dans un établissement d'hébergement touristique ou d'une automobile de location, lorsque sont remplies les conditions suivantes:

i. la personne qui effectue cette réservation ne reçoit aucune forme de rétribution à cette fin du client;

ii. aucune somme d'argent n'est transférée entre le client et cette personne ou le fournisseur lors de la réservation ou seul le numéro de carte de crédit du client est transmis au fournisseur, sans que la carte ne soit débitée;

iii. le client peut annuler sans frais la réservation avant que le service ne soit rendu;

iv. aucune somme d'argent ne sera payée par le client et sa carte de crédit ne sera pas débitée avant la date à laquelle le service doit être rendu;

v. aucune facture n'est remise au client au moment de la réservation; seul un document confirmant la réservation est remis au client.

Toutes ces exceptions tiennent compte des évolutions récentes dans la distribution de l'offre touristique en considérant les autres lois ou règlements existants et tout en cherchant à assujettir des comportements susceptibles de réellement affecter le consommateur et son argent aux dispositions de la loi. Ces exceptions visent aussi à clarifier certaines zones grises.

La loi et le règlement axent la protection du consommateur sur quatre points principaux: la personne même qui requiert le permis d'agent de voyages ou le certificat de conseiller en voyages; l'argent du consommateur; l'information et la publicité; certaines normes ou dispositions impératives pour la protection du client.

Le détenteur du permis ou du certificat

Avec les amendements apportés à la loi en 2009 et au règlement en 2010, des changements importants sont à souligner. Pour effectuer les opérations d'agent de voyages, il faut détenir un permis d'agent de voyages ou un certificat de conseiller en voyages pour traiter avec les clients (article 4 de la loi). Les catégories de permis sont modifiées: auparavant, il y avait les permis de détaillant, de grossiste et de transporteur, mais ces catégories sont remplacées dorénavant par le permis général et le permis restreint. Le permis général, comme son nom l'indique, permet d'effectuer toutes les opérations d'agent de voyages prévues à l'article 2 de la loi, tandis que le permis restreint a une portée plus limitée et ne permet d'effectuer les opérations d'agent de voyages que dans les limites des définitions de chaque sous-catégorie : le permis retreint d'organisateur de tourisme d'aventure, celui de pourvoyeur et celui d'une association touristique régionale (article 3 du règlement). En outre, le conseiller en voyages (soit la personne à l'emploi d'un agent de voyages ou ayant conclu un contrat de service exclusif avec un agent de voyages, qui traite avec les clients) doit dorénavant obtenir un certificat avant d'exercer ses fonctions.

On peut affirmer que la loi et le règlement d'application exercent un contrôle plus sévère sur le demandeur de permis ou de certificat (identification, qualités requises, etc.) que celui que l'on trouve dans la Loi sur les établissements d'hébergement touristique. Il faut se référer principalement aux articles 6 à 10 de la loi et à l'article 6 du règlement. « Le permis est délivré au nom d'une personne physique, pour son compte, pour le bénéfice d'une autre personne physique ou pour le bénéfice d'une association, société ou personne morale » (article 6 de la loi). Cette personne doit être majeure et avoir, comme principale activité, la gérance d'un établissement de l'agence, situé au Québec, qui devient de ce fait l'établissement principal.

Avant les amendements de 2010, l'article 6 du règlement imposait au requérant du permis de prouver qu'il avait exercé pendant une période minimale de deux ans, à plein temps et de façon permanente, les activités d'un agent de voyages (évidemment pour le compte d'un agent de voyages déjà détenteur du permis ou à son compte, à l'étranger). Le gouvernement québécois privilégiait l'expérience comme gage de compétence plutôt que la formation. Cependant, à compter du 1er juillet 2012, le requérant d'un permis d'agent de voyages doit réussir « un examen portant sur la connaissance des dispositions législatives et réglementaires applicables au secteur d'activités du voyage et à la gestion d'un agent de voyages » (article 6 *g*) du règlement)[25]. Une exigence similaire est imposée à compter du 1er juillet 2012 au demandeur d'un certificat de conseiller en voyages qui doit aussi réussir « un examen portant sur la connaissance des dispositions législatives et réglementaires applicables au secteur d'activités du voyage » (article 11.2 *a*) et article 42 du règlement).

25. L'article 6 *g*) du règlement précise que toute personne qui demande un permis fournisse, « jusqu'au 30 juin 2012, une déclaration suivant laquelle elle a, au cours des 8 années précédentes et pendant une période minimale de 2 ans, à plein temps et de façon permanente, exercé des opérations d'agent de voyages pour le compte d'un agent de voyages titulaire d'un permis; à compter du 1er juillet 2012, une déclaration suivant laquelle elle détient un certificat de gérant d'agence de voyages délivré par le président à la suite de la réussite d'un examen portant sur la connaissance des dispositions législatives et réglementaires applicables au secteur d'activités du voyage et à la gestion d'une agence de voyages ».

Le permis ne sera pas accordé si le requérant est un prête-nom ou si l'une des personnes ou organisations mentionnées à l'article 10 de la loi (requérant, dirigeant, administrateur, associé ou encore association, société ou corporation auxquelles sont rattachés ces individus), a fait faillite dans les cinq dernières années ou a été condamnée pour escroquerie, pour faux ou pour opération frauduleuse en matière de contrat ou de commerce. Cependant, une réserve fut apportée lors des modifications législatives de 2002 : le président de l'Office de protection du consommateur peut délivrer un permis malgré une faillite « s'il estime que la faillite n'est pas reliée à des opérations d'agent de voyages » (article 10 de la loi). Des dispositions concernant les condamnations antérieures pour escroquerie, faux ou opérations frauduleuses s'appliquent aussi au demandeur d'un certificat de conseiller en voyages (article 11.2 du règlement).

Une même personne ne peut détenir plus d'un permis (alinéa premier de l'article 7 de la loi). Divers renseignements et documents (coordonnées du demandeur, déclaration selon laquelle le requérant est citoyen canadien ou immigrant reçu, déclaration attestant la conformité des établissements avec la réglementation municipale, etc.) sont demandés au requérant d'un permis d'agent de voyages ou lors de la demande de reconduction. Plusieurs des renseignements portent sur la situation financière de l'entreprise (bilan d'ouverture, états financiers, fonds de roulement minimum, etc.) (articles 6 et 7 du règlement).

Enfin, le requérant d'un permis d'agent de voyages doit payer les droits afférents (article 4 du règlement). Au moment de la reconduction d'un permis, les droits sont basés sur le chiffre d'affaires de l'entreprise. Ils sont réduits de 50 % dans le cas d'un permis restreint. Il y a aussi des droits à payer pour la délivrance et la reconduction d'un certificat de conseiller en voyages (article 11.5 du règlement). En outre, le demandeur de permis doit fournir un cautionnement individuel (articles 28 et 29 du règlement)[26].

L'argent du consommateur

La loi et le règlement contiennent des dispositions qui protègent l'argent du consommateur : c'est le point majeur de la protection du consommateur. Cette protection s'avère d'autant plus nécessaire que le client d'une agence de voyages doit souvent débourser, plusieurs semaines à l'avance, le paiement des prestations demandées. Le législateur a prévu une triple protection :

---

26. La valeur du cautionnement individuel exigé pour les demandeurs d'un permis restreint est inférieure à celle requise pour les demandeurs d'un permis général. En outre, une police de cautionnement collectif au montant de 300 000 $ pourra être déposée pour couvrir les membres d'une même catégorie de permis restreints en lieu et place du cautionnement individuel (articles 30 et 31.2 du règlement).

l'agent de voyages doit déposer l'argent du client dans un compte en fidéicommis ouvert au Québec et il ne peut le retirer qu'à certaines conditions (articles 33 à 33.2 de la loi et articles 21 à 27.1 du règlement); il doit fournir et maintenir un cautionnement individuel[27]; un Fonds d'indemnisation des clients des agents de voyages est institué pour remplacer le fonds de cautionnement collectif qui constituait, jusqu'en novembre 2004, le troisième volet de la protection de l'argent du consommateur (article 36 de la loi et articles 28 à 45 du règlement).

L'article 28 du règlement précise:

Le cautionnement individuel prévu à la section XI est exigé pour garantir, à l'endroit des clients, l'exécution par un agent de voyages des obligations nées des mandats qui lui sont confiés par ces clients pendant la durée du permis et pendant la période de reconduction du permis jusqu'à la décision du président, et spécialement:

a) pour l'indemnisation en capital, intérêts et frais mais à l'exclusion des dommages punitifs, de tout client porteur d'un jugement final, prononcé autrement que sur acquiescement à jugement, contre l'agent de voyages ou son employé relativement à l'exécution du mandat qui leur a été confié, à la condition que l'action ait été intentée par le client dans les deux ans de la date du mandat;

b) pour le remboursement à un client d'une somme qu'il a versée à l'agent de voyages pour la prestation d'un service qui n'a pas encore été fourni, dans les cas de cessation des activités de l'agent de voyages, et notamment dans les cas d'annulation, de suspension ou de refus de reconduction ou de transfert de son permis, à la condition que la créance du client soit liquidée et qu'elle soit reconnue conforme par le président ou par l'administrateur provisoire nommé en vertu de l'article 14 de la Loi.

Ce cautionnement est aussi exigé pour le paiement, conformément à l'article 16 de la Loi, des frais d'administration et des honoraires d'un administrateur provisoire, ainsi que pour le recouvrement des amendes imposées en vertu de la section VII de la Loi. Il est également exigé pour le recouvrement, à la suite de la fermeture d'un agent de voyages, des contributions au Fonds d'indemnisation des clients des agents de voyages perçues par l'agent de voyages, mais non transmises au président. Le recouvrement des amendes et des contributions au Fonds d'indemnisation des clients des agents de voyages non transmises n'est payé qu'après le paiement des réclamations des clients.

En cas d'insuffisance du cautionnement individuel pour l'indemnisation ou le remboursement d'un client ou le paiement des frais d'administration et des honoraires d'un administrateur provisoire, une réclamation peut être faite au Fonds d'indemnisation des clients des agents de voyages prévu à la section XII.

27. Sous réserve de la note 26.

Le cautionnement individuel fourni selon diverses modalités prévues aux articles 30 à 33 du règlement est dorénavant calculé en fonction de la catégorie de permis, du nombre d'années en activité[28] et du chiffre d'affaires de l'agent de voyages, tandis que le Fonds d'indemnisation est alimenté par une contribution des clients des agents de voyages détaillants au Québec. Le montant de la contribution, perçue par l'agent de voyages détaillant et remise par la suite à l'OPC, est de 0,35 % du total des services touristiques achetés, à l'exclusion des frais d'administration, de l'assurance voyage ou de divers biens vendus aux clients, comme des cartes routières ou des sacs de voyage. Lorsque le surplus du Fonds d'indemnisation atteint 75 millions de dollars, le montant de la contribution d'un client est réduit à 0,20 % du total des services touristiques achetés et, s'il atteint 100 millions et plus, la contribution ne sera plus que de 0,10 % (article 39 du règlement)[29].

Ces dispositions sont parmi les principaux changements apportés au Règlement sur les agents de voyages en 2004 et en 2010 et font suite aux pressions exercées par le secteur professionnel du voyage, durement atteint au début des années 2000 par d'importantes faillites de compagnies aériennes qui ont eu pour effet de mettre à sec l'ancien fonds de cautionnement collectif des grossistes. Par contre, les clients n'ont plus la même étendue de protection que par le passé (avant 2004), car le montant total des indemnités par événement ne peut dépasser 20 % du surplus cumulé au Fonds au 31 mars précédent, sans être inférieur à 5 millions de dollars (avec dans certains cas la possibilité d'un montant additionnel ne dépassant pas 5 % du surplus cumulé) (article 43.3 du règlement)[30].

L'information et la publicité

Un autre aspect de la protection du consommateur réside dans l'information et la publicité, qui sont réglementées en partie par la Loi et le Règlement sur les agents de voyages.

Toute forme de publicité faite par un agent de voyages doit contenir la mention « détenteur de permis » (article 14 du règlement); « lorsqu'elle fait mention quant à un voyage déterminé d'un coût qui ne comprend pas

---

28. Dans le cas d'un permis restreint, on ne tient pas compte du nombre d'années en activité.
29. Le personnel diplomatique résidant au Québec pourra, à certaines conditions, être remboursé par le président de l'OPC de sa contribution au Fonds mais, dans ce cas, il ne pourra pas bénéficier des avantages du Fonds d'indemnisation des clients des agents de voyages (article 39.1 du règlement).
30. Par rapport aux amendements de 2004, le dernier changement apporté à l'article 43.3 est plus avantageux pour le consommateur. En 2004, l'article 43.3 était rédigé comme suit : « Le montant d'une indemnité ne peut être de plus de 3 000 $ par personne par voyage et de 3 000 000 $ par événement. »

toutes les sommes à être payées pour la prestation des services annoncés», la publicité doit préciser et faire ressortir de façon marquée, notamment par l'emploi de caractères typographiques plus gros, le coût total de ces services. Ce coût peut ne pas comprendre la TVQ et la TPS et la contribution au Fonds d'indemnisation, mais on doit indiquer dans la publicité l'inclusion ou l'exclusion de ces taxes ou de ce coût (article 14.1 du règlement).

Toute publicité écrite ou imprimée doit comporter l'énumération des prestations de transport, d'hébergement et de restauration comprises dans le voyage, la durée du voyage et le nom du transporteur aérien prévu au moment de la publication. Elle doit également indiquer la période au cours de laquelle le voyage peut être acheté au prix annoncé, sauf si la publicité est faite sur un site Internet transactionnel; dans ce cas, une mention doit obligatoirement apparaître sur la page d'accueil, «de manière évidente et claire», indiquant que les prix annoncés ne sont valides que si les services sont achetés pendant une même session (article 15 du règlement).

On prévoit à présent qu'un agent de voyages peut modifier unilatéralement le prix des services touristiques prévu à un contrat mais à certaines conditions seulement. L'article 13.2 du règlement est très explicite sur ce point:

> Un agent de voyages qui, conformément à l'article 16.1 du Règlement d'application de la Loi sur la protection du consommateur (c. P-40.1, r. 3), désire modifier unilatéralement le prix des services touristiques prévu à un contrat avec un client doit:
>
> *a)* insérer au contrat une clause prévoyant:
>
> i. que le prix des services touristiques vendus ne peut être augmenté qu'à la suite de l'imposition d'une surcharge de carburant par le transporteur ou d'une augmentation du taux de change, dans la mesure où le taux de change applicable 45 jours avant la date de fourniture des services a augmenté de plus de 5 % depuis la date où le contrat a été conclu;
>
> ii. que, dans l'éventualité où l'augmentation du prix, sans prendre en considération l'augmentation de la taxe de vente du Québec ou de la taxe sur les produits et services du Canada, est égale ou supérieure à 7 % du prix des services, le client peut choisir entre le remboursement intégral et immédiat des services ou la prestation de services similaires;
>
> iii. qu'aucune augmentation du prix ne peut survenir dans les 30 jours précédant la date où les services doivent être rendus;
>
> *b)* informer le client oralement et par écrit, avant la conclusion du contrat, du contenu de cette clause.
>
> Lorsque le contrat est conclu par écrit à distance, l'agent de voyages est exempté de l'obligation prévue au paragraphe *b* du premier alinéa d'informer le client oralement du contenu de cette clause à la condition que cette information soit portée expressément à la connaissance du client.

Lorsque le contrat est conclu oralement à distance, l'agent de voyages est exempté de l'obligation prévue au paragraphe *b* du premier alinéa d'informer le client par écrit du contenu de cette clause à la condition que le contrat soit transmis au client dans les 15 jours qui suivent la conclusion du contrat.

Les conditions de remboursement ou de non-remboursement des sommes demandées doivent être précisées par écrit avant d'en accepter le dépôt à moins que ces conditions ne soient mentionnées dans une brochure remise au client. Il y a une exception à l'article 16 du règlement: les conditions «peuvent être indiquées verbalement si les services sont requis moins de 7 jours avant d'être fournis et autrement qu'en présence d'un agent de voyages ou de l'un de ses représentants.» Enfin, on peut ajouter à ces articles l'obligation qui est faite au détenteur de permis d'afficher son permis et les duplicatas s'il y a lieu (article 31 de la loi complété par l'article 11 du règlement).

Autres normes ou dispositions impératives pour la protection des clients

Conformément à l'article 36 *i*) de la loi, le gouvernement a adopté quelques dispositions particulières concernant la remise des documents nécessaires au client, qui doit se faire au moins sept jours avant le départ (ou, à la rigueur, avant le départ si le voyage est acheté moins de sept jours avant le départ) (article 19 du règlement). Quant à l'avis d'annulation, sauf cas de force majeure, aucune annulation ne peut être faite sans qu'un préavis d'au moins sept jours ne soit adressé au client par l'agent de voyages (article 20 du règlement).

Ces dernières années, d'autres obligations se sont ajoutées: entre autres, l'obligation d'avertir le président de l'Office de protection du consommateur de tout changement aux informations transmises conformément à l'article 6 du règlement; l'obligation pour un agent de ne fournir des services de transport aérien dont le point de départ ou d'arrivée est au Canada ou aux États-Unis que si le transporteur détient toutes les licences et approbations requises, ou encore l'obligation de maintenir à jour une liste des conseillers de voyages à son emploi (articles 12, 13, 13.1 du règlement).

La loi et le règlement prévoient dorénavant des possibilités nouvelles d'intervention de la part du président de l'Office de protection du consommateur, qui peut nommer un administrateur provisoire dès qu'il estime «que la situation l'exige pour ne pas mettre en péril les droits des clients de cet agent» (article 14 *d*) de la loi).

Le non-respect d'une obligation prévue dans la loi et le règlement est sanctionné pénalement et administrativement. Le fait d'exercer les fonctions d'agent de voyages sans permis ou, pour un agent de voyages, de ne pas déposer les fonds qu'il reçoit pour le compte d'autrui et le fait de ne pas se conformer aux conditions de dépôt et de retrait de ces fonds constituent les infractions les plus graves, sanctionnées par des amendes pouvant varier entre 2 000 $ et 100 000 $ et, en cas de récidive, entre 4 000 $ et 200 000 $ (article 39 de la loi). Pour les autres infractions, les amendes sont de 1 000 $ à 40 000 $ et, en cas de récidive, de 2 000 $ à 80 000 $ (article 40 de la loi). L'agent de voyages peut également voir son permis suspendu, annulé ou non renouvelé (article 12 de la loi). La perte du permis peut également se produire si le président de l'OPC juge que la situation financière de l'agent ne lui permet plus d'assumer ses obligations ou qu'il ne peut plus, dans l'intérêt public, exercer ses opérations de manière honnête et compétente (article 12.1 de la loi).

Enfin, longtemps réclamé par les agents de voyages, un comité consultatif est institué à la faveur des amendements à la loi en 2002 (article 36 *m*) et des amendements au règlement en 2004 (articles 48 à 57). Composé de représentants du secteur d'activités du voyage, des consommateurs et de l'administration gouvernementale, le comité a pour mandat de conseiller le ministre sur toute matière relative aux activités des agents de voyages. Nul doute que toute la question du commerce électronique continuera à retenir l'attention du comité consultatif.

Selon le juriste Pierre Trudel :

> Il est tout d'abord trompeur de dire que les réseaux ouverts comme Internet sont exempts de réglementation. Le droit dans son sens courant, celui qui renvoie aux règles adoptées par les États, s'applique aussi en théorie dans le cyberespace, et une personne doit répondre de l'information préjudiciable qu'elle fait circuler dans le réseau. Elle ne peut, par exemple, diffuser de la publicité trompeuse ni vendre ou échanger du matériel protégé par des droits d'auteurs comme des logiciels, des textes ou des photos. Cependant, en raison de la virtualité des réseaux, le droit ne peut être envisagé ni appliqué de la même façon que dans le monde physique. Les juristes se doivent maintenant de mieux comprendre comment émergent les normes dans ces environnements électroniques, puisqu'elles préfigurent la régulation qui pourra être mise en place. De fait, le cyberespace n'appelle pas tant de changements dans les lois, qu'une façon majeure dans la façon de les aborder et surtout de les appliquer[31].

Il faut se rappeler aussi qu'au sein du cyberespace, du commerce électronique, il y a interaction entre les personnes et que c'est le droit commun qui s'applique. Comme le souligne Pierre Trudel, au Canada, l'essentiel du cadre juridique du cyberespace relève des préceptes du droit civil et il incombe aux autorités provinciales « de définir des règles appropriées aux activités prenant place dans le cyberespace[32] ». La définition des infractions pénales et criminelles reste la responsabilité partagée du provincial et du fédéral.

---

31. Pierre TRUDEL (1997). « Le cyberespace et le droit ou la nécessité de repenser le droit autrement », *Interface*, vol. 18, n° 5, p. 48.
32. *Ibid.*

En ce domaine, le droit international privé doit être mis à contribution, car il n'est pas rare que l'on se retrouve entre des protagonistes de pays différents. Mais le recours au droit international privé est complexe et souvent fort coûteux. Il y a aussi une volonté de la part des acteurs du cyberespace de mettre en place des mécanismes d'autorégulation face à la difficulté d'appliquer les lois existantes, ce qui fait de la régulation sur Internet une activité soumise à la concurrence : « aucune autorité ne peut prétendre exercer un monopole sur la fonction d'énonciation des règles ni même sur leur application[33] ».

Les autorités publiques ont commencé à bouger. Le législateur québécois a adopté, en 2001, la Loi concernant le cadre juridique des technologies de l'information (*L.R.Q.*, c. C-1.1). Cette loi a notamment pour objectif d'assurer aux communications un minimum de sécurité juridique au moyen de documents quels qu'en soient les supports et une cohérence des règles de droit et leur application aux communications au moyen de documents « qui sont sur des supports faisant appel aux technologies de l'information » (article 1).

Même si la Loi sur les agents de voyages peut accorder, à court terme, un certain avantage aux agents de voyages du Québec face à leurs concurrents sur le plan de la protection du consommateur, on ne peut faire l'impasse d'une réflexion approfondie sur toute la question de l'encadrement juridique du réseau de distribution dans le domaine du voyage, incluant le commerce électronique, pour assurer au consommateur la meilleure protection.

2.1.2. Coup d'œil à l'extérieur du Québec

Le Québec ne fait pas bande à part en encadrant légalement l'activité d'organisation et de vente de voyages et de séjours. Au Canada, deux autres provinces, l'Ontario et la Colombie-Britannique, ont des lois similaires. L'Ontario a ainsi adopté le *Travel Industry Act* l'année même (1974) où le Québec promulguait la Loi sur les agents de voyages. Une nouvelle loi existe depuis 2002, qui porte pratiquement le même titre : *Travel Industry Act, 2002* (Loi de 2002 sur le secteur du voyage). Cette loi est complétée par le *Ontario Regulation 26/05* (Règlement de l'Ontario 26/05). On y retrouve l'exigence d'une inscription officielle des agents de voyages, sujette à certaines conditions, d'un fonds de roulement minimum, du dépôt d'un cautionnement et la constitution d'un fonds collectif d'indemnisation, alimenté deux fois par année par des sommes d'argent versées par les agents de voyages selon le niveau des ventes. L'application de la loi et du règlement qui en découle a été confiée, en 1997, à un organisme à but

33. *Ibid.*, p. 49.

non lucratif, le Travel Industry Council of Ontario (TICO)[34], dont le conseil d'administration est composé en majorité de représentants de l'industrie du voyage nommés par quelques grandes associations ontariennes, mais aussi de représentants des consommateurs, de l'industrie et du gouvernement nommés par le ministre responsable. Cet organisme gère le fonds d'indemnisation. La loi de la Colombie-Britannique, qui portait alors le titre de *Travel Agents Act*, fut adoptée en 1977. Ses dispositions sont maintenant intégrées dans une loi générale, le *Business Practices and Consumer Protection Act* (Loi sur les pratiques commerciales et la protection du consommateur). Sous la responsabilité de Consumer Protection BC, cette loi générale oblige tout agent de voyages à s'enregistrer et elle instaure aussi un fonds collectif d'indemnisation, le Travel Insurance Fund, dirigé par un conseil dont les membres sont nommés par le gouvernement. Ce fonds est également alimenté par les sommes d'argent versées par les agents de voyages. Depuis peu, le Manitoba a entrepris une consultation publique sur l'opportunité d'adopter des mesures pour assurer la protection des consommateurs dans l'industrie du voyage[35].

Aux États-Unis, plusieurs États ont une législation ou une réglementation spécifique. C'est le cas entre autres, pour ne mentionner que les principaux, de la Floride, de la Californie, de l'État de New York, de l'État de Washington, du Rhode Island et de l'Illinois. Que trouve-t-on dans ces lois ? En gros, dans la plupart des cas, un enregistrement obligatoire moyennant paiement de droits, une interdiction de la publicité mensongère ou trompeuse, une obligation de participer à un fonds de cautionnement collectif ou de maintenir un plancher financier de sécurité ou encore de démontrer une couverture de responsabilité envers les consommateurs.

Les pays membres de l'Union européenne ont aussi adopté des lois et des règlements de protection du consommateur dans le domaine du voyage : certains, comme la France[36], depuis fort longtemps (la première

---

34. Voir le site Internet sur le TICO : <http://www.tico.on.ca>. Un règlement précise les mandats et la structure du TICO. En français, l'organisme se nomme le Conseil de l'industrie du tourisme de l'Ontario (CITO).
35. Bureau de la protection du consommateur (2011). *Améliorer la protection du consommateur dans l'industrie du voyage*, Document de consultation publique, Manitoba, Bureau de la protection du consommateur, 9 p.
36. La Loi n° 2009-888 du 22 juillet 2009 de développement et de modernisation des services touristiques (chapitre 1er Régime de la vente de voyages et de séjours) et son décret d'application n° 2009-1650 du 23 décembre 2009 ont mis fin aux régimes existants de licences d'agent de voyages, d'agréments de tourisme, d'habilitations et d'autorisations délivrés jusqu'alors par les préfectures. Ces différents régimes sont remplacés par un régime unique d'immatriculation des opérateurs de voyages. Cette immatriculation des opérateurs de voyages et la tenue du registre les concernant sont désormais du ressort de l'organisme Atout France.

loi française remonte à 1937) et d'autres, comme la Grande-Bretagne[37], plus récemment (1992), à la suite de l'adoption d'une directive européenne connue sous le nom de Directive du Conseil du 13 juin 1990 concernant les voyages, vacances et circuits à forfait[38]. Cette dernière a justement pour objet de rapprocher les dispositions législatives, réglementaires et administratives des États membres concernant les forfaits vendus ou offerts sur le territoire de la Communauté. La directive contient des articles, dont les États doivent s'inspirer dans leur propre législation nationale, concernant l'information à donner au voyageur, les clauses indispensables que doivent inclure les contrats entre l'agent et le consommateur, la responsabilité du vendeur du forfait, le droit du consommateur à être reconnu et les garanties financières dont doit disposer le vendeur de forfaits.

Limitée aux forfaits et ne portant pas sur l'ensemble des voyages et des séjours, contrairement à la loi québécoise, la Directive du Conseil du 13 juin 1990 est plus précise et exigeante que la loi et le règlement québécois quant aux informations à donner au voyageur et quant au contenu du contrat entre l'agent et le consommateur, notamment en matière de prix et lors de modifications ou d'annulations (articles 3 et 4 et annexe de la directive).

2.2. La réglementation de la vente de l'assurance par les agents de voyages

Activité accessoire, la vente de l'assurance liée aux voyages par les agents de voyages est une activité régie par la Loi sur la distribution des produits et services financiers (*L.Q.*, 1998, c. 37), en vigueur depuis le 1er octobre 1999 et amendée en 2002, 2004, 2008 et 2009.

Ce nouveau texte, remplaçant la Loi sur les intermédiaires de marché (*L.R.Q.*, c. I 15.1), a pour but d'assurer la protection du public en obligeant les représentants à détenir un certificat les autorisant à agir comme représentants en assurance de personnes, agents ou courtiers en assurance de dommages, experts en sinistre, planificateurs financiers, représentants en épargne collective, en fonds d'investissement et en plans de bourses d'études[39].

---

37. The Package Travel, Package Holidays and Package Tours Regulations 1992, nº 3288, *Statutory Instruments*. Cette réglementation a été préparée par le Secrétaire d'État conformément aux pouvoirs qui lui sont conférés par la loi : *European Communities Act* (1972, c. 68).
38. Directive 90/314 du 13 juin 1990, *J.O. des Communautés européennes* nº L. 158/59 du 23 juin 1990.
39. Notes explicatives, Loi sur la distribution des produits et services financiers, *L.Q.*, 1998, c. 37.

La loi prévoit aussi que des produits d'assurances puissent être offerts par des distributeurs qui ne sont pas des représentants en assurances. C'est le cas justement des agents de voyages qui offrent de l'assurance voyage (article 424).

Le titre VIII de la loi porte sur la distribution sans représentant. Le distributeur est défini, à l'article 408, comme « la personne qui, dans le cadre de ses activités qui ne sont pas du domaine de l'assurance, offre de façon accessoire, pour le compte d'un assureur, un produit d'assurance afférent uniquement à un bien qu'elle vend ou qui y fait adhérer un client. »

Les articles 429 à 444 précisent les obligations des agents de voyages à titre de distributeurs. L'agent ou la personne à qui est confiée cette tâche d'offrir le produit d'assurance doit :

- informer le client qu'il existe, sur le marché, d'autres assurances pouvant comporter des garanties similaires au produit offert ;
- demander au client s'il n'est pas déjà couvert par une telle assurance et l'inviter même à vérifier en cas de doute ;
- décrire au client le produit et bien lui préciser l'étendue de la garantie et les exclusions s'il y a lieu ;
- dévoiler au client sa rémunération si elle excède 30 % du coût du produit d'assurance ;
- donner des informations au client sur la façon de présenter éventuellement une réclamation et le délai qui doit être respecté ;
- avant de vendre le produit d'assurance, remettre au client une copie du guide de distribution (préparé par l'assureur, décrivant la nature de la garantie et mettant en relief les exclusions de garantie).

L'agent de voyages (distributeur) ne peut assujettir la conclusion d'un contrat de voyages à l'obligation de conclure un contrat d'assurance auprès d'un assureur qu'il indique. En outre, il doit remettre au client un avis, rédigé de la façon prévue par règlement de l'Autorité des marchés financiers, lui précisant qu'il peut résilier le contrat d'assurance dans les dix jours de sa signature. Il doit, enfin, bien former son personnel, c'est-à-dire prendre les dispositions pour que toute personne à qui est confiée la tâche de distribuer un produit d'assurance ait une bonne connaissance du guide de distribution relatif à ce produit.

Le distributeur duquel un client n'a pas reçu les renseignements sur le produit offert, la nature et les exclusions de garantie ainsi que sur sa rémunération, le cas échéant, est responsable de tout préjudice qui en résultera pour son client. Enfin, constituent des infractions de nature pénale, passibles d'amendes substantielles (articles 485 à 488), le fait de ne pas dévoiler au client une rémunération qui excède 30 % du coût du produit d'assurance ou encore le fait de ne pas remettre au client une copie du guide de distribution ou de l'avis lui permettant de résilier le contrat d'assurance.

L'Association des agents de voyages du Québec a exercé des pressions, avant l'entrée en vigueur de la loi, pour que soit retirée l'obligation de divulguer les commissions de plus de 30 % sur les produits d'assurance, craignant que cela n'entraîne les prix à la baisse et, plus globalement, pour que les agents de voyages ne soient pas du tout assujettis à la loi parce qu'il seraient déjà régis par la Loi sur les agents de voyages. Ces pressions sont demeurées lettre morte. Dans une lettre type envoyée à ses membres pour que ces derniers écrivent au gouvernement afin de faire valoir leur désaccord avec la loi, on trouve la phrase suivante: « Il est malheureux de constater que le gouvernement prône d'un côté la déréglementation et l'allègement fiscal des entreprises et qu'en réalité les commerçants ne retrouvent que des mesures d'accroissement et des pertes de revenus[40]. » En mars 2000, ACTA-Québec remit au Bureau des services financiers (BSF), maintenant l'Autorité des marchés financiers, un mémoire relatif à l'impact de la divulgation de la rémunération, dans lequel on demande de supprimer l'obligation de divulgation ou, à tout le moins, que le BSF, avant de fixer un seuil obligatoire de divulgation, tienne compte à la fois des commissions versées aux assureurs et des frais encourus par les distributeurs[41].

3. LE TRANSPORT DES VOYAGEURS

Il est difficile de concevoir le tourisme sans déplacement, donc sans transport, même si tout le transport n'est évidemment pas lié au phénomène touristique: que l'on pense au transport des marchandises ou au transport en commun intra-urbain.

40. Extrait de la lettre type reproduit dans Serge ABEL-NORMANDIN (1999). « ACTA-Québec invite ses membres à écrire à Guy Chevrette et à Bernard Landry », *Tourisme Plus*, vol. 19, n° 23, p. 4.

41. ACTA-Québec (2000). Mémoire relatif à l'impact de la divulgation de la rémunération – *Loi sur les produits et services financiers*, Montréal, mars, p. 19.

Le droit du transport est un domaine vaste et complexe qui a déjà fait l'objet de quelques ouvrages[42]. La présente section a des prétentions modestes : elle vise à présenter brièvement l'encadrement à caractère administratif et pénal du transport des voyageurs en mettant l'accent sur les dispositions législatives et réglementaires qui sont susceptibles de toucher plus particulièrement les touristes.

La Loi constitutionnelle de 1867 accorde des pouvoirs en matière de transport aux deux ordres de gouvernement. En outre, les modes de transport sont variés, ce qui a conduit autant le Parlement du Canada que l'Assemblée nationale du Québec à adopter des lois à caractère général et des lois à caractère spécial pour tenir compte des différents modes de transport.

Après avoir tracé les grandes lignes du partage des pouvoirs en la matière, la présente section expose de façon succincte les lois et les règlements qui assurent la protection des voyageurs touristes. La question de la responsabilité des transporteurs sera cependant évacuée ici, comme on l'a fait pour les agents de voyages et les hôteliers. Elle sera abondamment traitée dans le chapitre qui suit.

3.1. Le partage des pouvoirs en matière de transport

Même si d'autres articles de la Loi constitutionnelle de 1867 ont un lien avec le transport, l'article 92.10 est central. Il se lit comme suit :

> 92. Dans chaque province, la législature pourra exclusivement faire des lois relatives aux matières tombant dans les catégories de sujets ci-dessous énumérés, savoir : [...]
>
> 10. Les travaux et entreprises d'une nature locale, autres que ceux énumérés dans les catégories suivantes :
>
> *a*) Lignes de bateaux à vapeur ou autres bâtiments, chemins de fer, canaux, télégraphes et autres travaux et entreprises reliant la province à une autre ou à d'autres provinces, ou s'étendant au-delà des limites de la province ;
>
> *b*) Lignes de bateaux à vapeur entre la province et tout pays dépendant de l'empire britannique ou tout pays étranger ;
>
> *c*) Les travaux qui, bien qu'entièrement situés dans la province, seront avant ou après leur exécution déclarés par le Parlement du Canada être pour l'avantage général du Canada, ou pour l'avantage de deux ou d'un plus grand nombre de provinces ;

42. Au Québec : Jean PINEAU (1986). *Le contrat de transport terrestre, maritime, aérien*, Montréal, Thémis, 484 p. ; Richard PAQUETTE (1979). *La responsabilité en droit aérien canadien*, Montréal, Wilson & Lafleur, 246 p. En France : Denis BROUSSOLLE (1995). *Le droit des transports de personnes*, Paris, Presses universitaires de France, coll. « Que sais-je ? » n° 2942, 127 p. ; René RODIER (1990). *Droit des transports terrestres et aériens*, 5e éd., Paris, Dalloz, 478 p. ; Michel ALTER (1989). *Droit des transports terrestres, aériens et maritimes, internes et internationaux*, 2e éd., Paris, Dalloz, 180 p.

Pour effectuer l'analyse, on se doit d'opérer une distinction entre les différents modes de transport. En s'appuyant sur cet article 92.10, on peut affirmer que le transport terrestre est de responsabilité partagée. Lorsqu'il est routier, effectué à l'intérieur même de la province, il est soumis à la législation provinciale, mais lorsqu'il est extra-provincial ou international, le Parlement fédéral peut légiférer, ce qu'il a fait notamment en adoptant en 1987 la Loi concernant les transports routiers effectués par les entreprises extra-provinciales (*L.C.*, 1987, c. 35).

En matière de transport ferroviaire, la même logique devrait s'appliquer, mais, dans les faits, la législation et la règlementation fédérales s'appliquent à toutes les compagnies qui relèvent de l'autorité législative du Parlement du Canada, dont le Canadien Pacifique, le Canadien National et Via Rail, et ce même pour la portion du transport qui s'effectue à l'intérieur d'une province.

Le transport maritime exige une explication nuancée malgré l'article 91.10 de la Loi constitutionnelle de 1867 qui donne compétence exclusive au Parlement fédéral pour tout ce qui concerne « la navigation et les expéditions par eau ». Diverses interprétations, dont certaines apportées par la Cour suprême du Canada, amènent à penser que le transport maritime qui s'effectue exclusivement dans la province est de compétence provinciale[43]. C'est bien le sens que l'on peut donner à l'article 92.10 de la Loi constitutionnelle. D'ailleurs, la Loi sur les transports (*L.R.Q.*, c. T-12) du Québec s'applique, sinon aux navires et à la navigation, du moins au transport des personnes, des animaux et des choses par eau d'un lieu à un autre dans les limites territoriales du Québec (article 2).

Le transport aérien pose aussi des problèmes d'interprétation constitutionnelle. Le domaine de l'aéronautique est de compétence fédérale : il s'agit d'un nouveau domaine non prévu par les Pères de la Confédération, soumis au paragraphe introductif de l'article 91 de la Loi constitutionnelle. Cependant, là aussi, il faut nuancer : s'il est vrai que les aspects techniques et les aspects liés aux permis, aux conditions de transport et à la sécurité sont de compétence fédérale, en matière de responsabilité civile il faudra distinguer entre les vols internes (compétence provinciale) et les vols internationaux (compétence fédérale).

3.2. Les lois à caractère général

Ces lois, l'une québécoise, la Loi sur les transports (*L.R.Q.*, c. T-12), l'autre fédérale, la Loi sur les transports au Canada (*L.C.*, 1996, c. 10), sont de portée générale, complétées par de nombreux règlements particuliers dont certains concernent spécifiquement le transport des personnes. Chacune de ces lois confie à un organisme de régie un certain nombre de pouvoirs.

43. Jean PINEAU (1986). *Op. cit.*, p. 130-132.

La Loi sur les transports s'applique:

a) aux véhicules et autres moyens ou systèmes de transport, sauf les navires ou aéronefs, qui sont utilisés, qui circulent ou qui sont destinés à circuler dans les limites territoriales du Québec, notamment ceux qui sont régis par le Code de la sécurité routière (chapitre C-24.2);

b) au transport des personnes, des animaux et des choses par terre, par air ou par eau d'un lieu à un autre dans les limites territoriales du Québec au moyen de véhicules visés au paragraphe *a*, ou par des navires ou aéronefs, à l'exclusion de la navigation;

c) au transport par chemin de fer auquel s'applique la Loi sur les chemins de fer (chapitre C-14.1);

d) au courtage en transport et à la location de véhicules.

Elle ne s'applique au transport par taxi que dans la mesure prévue par la Loi concernant les services de transport par taxi (chapitre S-6.01).

Cette loi institue la Commission des transports du Québec (article 14) qui peut, dans le cadre des règlements, délivrer les permis et fixer leur durée, transférer tout permis ou tout droit conféré par un permis, fixer des conditions et établir des restrictions à l'exploitation d'un permis ou encore recevoir des tarifs pour dépôt (article 32).

La loi permet au gouvernement «d'établir des normes, des conditions ou des modalités de construction, d'utilisation, de garde, d'entretien, de propriété, de possession ou de location, de salubrité et de sécurité d'un moyen ou d'un système de transport qu'il indique»; elle autorise aussi le gouvernement à adopter des règlements déterminant les activités qui exigent des permis, leurs conditions d'obtention et les droits requis et précisant les obligations des détenteurs de permis (article 5).

Bien que la loi et ses règlements aient été modifiés à plusieurs reprises ces dernières années, à la faveur du vent de déréglementation qui a balayé le secteur des transports, plusieurs règlements toujours en vigueur touchent plus ou moins directement le tourisme, notamment:

- le Règlement sur la gratuité de certains services du transport par traversier (T-12, r. 6.2);
- le Règlement sur la location des autobus (T-12, r. 10.1);
- le Règlement sur le transport par autobus (T-12, r. 21.2);
- le Règlement sur la gratuité de certains services de transport par traversier (T-12, r. 6.2);
- le Règlement sur le transport maritime de passagers (T-12, r. 21.1);
- le Règlement sur les tarifs, les taux et les coûts (T-12, r. 15.1).

Le règlement sur le transport par autobus précise à son article 1 que «pour effectuer un transport rémunéré de personnes par autobus ou minibus, une personne doit être titulaire d'un permis de transport par autobus délivré par la Commission des transports du Québec». Pour l'application de ce règlement, on prévoit diverses catégories d'autobus (article 3 du règlement) et plusieurs catégories de permis de transport par autobus (article 9 du règlement). Sans entrer dans le détail de chacun des permis, soulignons cependant les accommodements dont bénéficient les agents de voyages détenteurs d'un permis selon la Loi sur les agents de voyages. Ces derniers, ayant un permis de transport nolisé par minibus de catégorie 6, peuvent effectuer à certaines conditions un transport touristique sans être titulaire d'un permis pour les services de transport touristique (article 6 du règlement) et sans répondre à toutes les exigences formulées à l'article 12 du règlement.

Depuis 1996, une nouvelle loi fédérale, la Loi sur les transports au Canada, maintient l'Office national des transports, qui existait sous l'ancienne loi, rebaptisé toutefois l'Office des transports du Canada. Elle remanie la Loi sur les chemins de fer en supprimant la majorité de ses articles et abroge carrément la Loi sur les chemins de fer de l'État (*L.R.C.*, c. C-11) qui régissait les chemins de fer appartenant à l'État et rattachés au Canadien National.

Le champ d'application de la loi est décrit de façon sibylline à l'article 3 : «La présente loi s'applique aux questions de transport relevant de la compétence législative du Parlement.» Trois parties de la loi permettent de clarifier le champ d'application : la partie II, qui porte sur le transport aérien, la partie III, concernant le transport ferroviaire, et la partie V, qui a trait au transport des personnes ayant une déficience. Il faut consulter l'article 5 qui porte sur la politique nationale des transports pour comprendre la réelle portée de cette politique et de la loi qui vise à la réaliser. Il est déclaré que l'objectif de l'intervention du gouvernement est «la mise en place d'un réseau sûr, rentable et bien adapté de services de transport viables, efficaces, accessibles aux personnes ayant une déficience». Les principaux axes de la politique et des mesures prévues par la loi sont la sécurité, le maintien de la concurrence dans la mesure du possible, la réglementation économique limitée «aux services et régions à propos desquels elle s'impose dans l'intérêt des expéditeurs et des voyageurs», le partage équitable des coûts des ressources, installations et services mis à la disposition du public et, enfin, la rentabilité des modes de transport.

La Loi sur les transports au Canada et les règlements en découlant traduisent donc la volonté des pouvoirs publics, dans ce secteur névralgique qu'est le transport, d'assurer la sécurité des voyageurs et l'accessibilité aux personnes ayant une déficience[44], de même qu'un fonctionnement efficace du marché. Parmi les règlements dont l'application est sous la responsabilité entière ou partagée de l'Office des transports, mentionnons :

- le Règlement sur les transports aériens – DORS/88-58 ;
- le Règlement sur la formation du personnel en matière d'aide aux personnes ayant une déficience – DORS/94-42 ;
- le Règlement et Règles sur les voyageurs des chemins de fer nationaux du Canada – C.R.C., ch.1376 ;
- le Règlement sur les tarifs de transport ferroviaire des marchandises et des passagers – DORS/96-338 ;
- le Règlement sur les renseignements des transporteurs et des exploitants d'entreprises de transport et de manutention de grain – DORS/96-334.

L'encadrement législatif actuel montre une réelle simplification par rapport à la situation antérieure du ménage ayant été fait dans les lois à caractère spécial au profit d'une loi à portée générale, complétée par des règlements spécifiques. En ce qui concerne les tarifs, il est moins question d'un contrôle de leur ampleur que des renseignements qu'ils doivent inclure et de leur publication.

3.3. Les lois à caractère spécial

Bien qu'un certain nombre de lois aient été abrogées, en totalité ou partiellement, les deux ordres de gouvernement maintiennent quelques lois à caractère spécial pour préciser les obligations au regard de certains modes de transport. D'ailleurs, quelques-unes d'entre elles, comme la Loi de 2001 sur la marine marchande du Canada (*L.C.*, 2001, c. 26), ont une portée très large et sont complétées par de nombreux règlements spécifiques.

3.3.1. Le transport ferroviaire

Au profit d'un renforcement cohérent de la Loi sur les transports du Canada à cet égard, la Loi sur les chemins de fer de l'État et la Loi sur les chemins de fer ont été abrogées en 1996. Mais demeure toujours en vigueur la Loi sur la sécurité ferroviaire (*L.R.C.*, c. 32 4e supplémentaire), qui vise à assurer la sécurité de l'exploitation des chemins de fer. Modifiée à quelques reprises, la dernière fois en 2008, elle est complétée par quelques règlements, dont le Règlement sur le système de gestion de la sécurité ferroviaire – DORS/2001-37.

---

44. Voir l'annexe 3 : Des règlements et des codes de pratiques pour l'accessibilité des transports aux personnes ayant une déficience.

La législature du Québec a aussi adopté deux lois en ce domaine: la Loi sur les chemins de fer (*L.R.Q.*, c. C-14.1), qui régit le transport à l'intérieur de la province et qui s'applique aux compagnies ayant obtenu leur personnalité morale en vertu d'une loi québécoise (en fait, quelques compagnies régionales, dont plusieurs sont rattachées au secteur minier; elle ne s'applique cependant pas aux organismes publics, qui, en vertu de leur loi constitutive, agissent comme transporteurs ferroviaires) et la Loi sur la vente des billets de chemin de fer (*L.R.Q.*, c. V-2), qui a été abrogée en 1988.

3.3.2. Le transport routier

La loi fédérale concernant les transports routiers effectués par les entreprises extraprovinciales (titre abrégé: Loi sur les transports routiers) (*L.C.*, 1987, c. 35) a remplacé la Loi concernant le transport extraprovincial par véhicule moteur (*L.R.C.*, 1985, c. M-14). Les articles 4 à 6 de la loi sont consacrés au transport par autocar. Cette loi prévoit des liens étroits avec les provinces qui régissent l'exploitation d'une entreprise locale de transport routier. À preuve, l'article 3 de la loi stipule que le gouvernement fédéral peut adopter des règlements après consultation avec le gouvernement de chaque province touchée: il en fut ainsi avec le Règlement de 1994 sur les heures de service des conducteurs des véhicules utilitaires. L'article 5 mentionne que «l'autorité provinciale, peut, à son appréciation, délivrer la licence d'exploitation d'une entreprise extraprovinciale de transport par autocar dans la province aux mêmes conditions et selon les mêmes modalités que s'il s'agit d'une entreprise locale de transport par autocar.» Dans les faits, malgré la compétence fédérale en matière de transport routier extraprovincial, les provinces sont amenées à jouer un rôle significatif.

Dans le prolongement de sa compétence en matière de réglementation des échanges et du commerce (article 91.2 de la Loi constitutionnelle de 1867), le Parlement fédéral a adopté, en 1993, la Loi sur la sécurité automobile (*L.C.*, 1993, c. 16), qui n'a rien à voir avec un Code de sécurité routière, mais qui régit la fabrication et l'importation des véhicules automobiles en vue de limiter les risques de morts et de dommages corporels, matériels et environnementaux.

Deux lois votées par l'Assemblée nationale du Québec méritent d'être soulignées: la Loi concernant les services de transport par taxi (*L.R.Q.*, c. S-6.01), qui a remplacé en 2002 la Loi sur le transport par taxi (*L.R.Q.*, c. T-11.1), et le Code de la sécurité routière (*L.R.Q.*, c. C-24.2).

La première loi s'applique, sauf exceptions, au transport rémunéré de personnes à l'aide d'une automobile, plus particulièrement aux services de transport par taxi (article 1). Elle exige l'obtention d'un permis de propriétaire (article 4), délivré par la Commission de transports du Québec pour une agglomération délimitée par cette dernière (article 6). La Commission fixe en outre les taux et les tarifs qui seront imposés. La loi exige, pour les chauffeurs, l'obtention d'un permis de chauffeur de taxi délivré par la Société de l'assurance automobile du Québec et elle institue aussi un permis pour les intermédiaires en services de transport par taxi (article 32). Des règlements peuvent être adoptés par le gouvernement ou par une autorité régionale pour préciser les conditions et les modalités de service. Citons à titre d'exemples le Règlement sur les services de transport par taxi (S-6.01, r. 2) ou le Recueil des tarifs du transport privé par taxi (S-6.01, r. 8).

Le Code de la sécurité routière est une pièce maîtresse de la législation québécoise en matière de sécurité et l'une des lois les mieux connues de la population, encore que...

Selon son article premier, le Code:

> [...] régit l'utilisation des véhicules sur les chemins publics et, dans les cas mentionnés, sur certains chemins et terrains privés ainsi que la circulation des piétons sur les chemins publics.
>
> Il établit des règles relatives à la sécurité routière, à l'immatriculation des véhicules routiers et aux permis et licences dont l'administration relève de la Société de l'assurance automobile du Québec ainsi qu'au contrôle du transport routier des personnes et des marchandises.
>
> Sauf dispositions contraires, il ne s'applique aux véhicules hors route qu'aux fins de l'immatriculation du véhicule et de son identification au moyen du numéro apposé sur celui-ci.

C'est notamment en vertu du Code de la sécurité routière (article 289) que le ministre des Transports peut prescrire les normes de signalisation routière et les normes d'installation de cette signalisation. Selon l'article 290 (abrogé en 2000), la personne responsable de l'entretien d'un chemin public pouvait exiger le paiement d'un droit annuel pour l'installation d'une signalisation touristique commerciale sur ce chemin; en vertu du paragraphe 6 (lui aussi abrogé) de l'article 620, le gouvernement pouvait, par règlement, fixer des droits annuels que le ministre des Transports exigeait pour l'installation et l'entretien d'une signalisation touristique commerciale sur un chemin public dont l'entretien relève de sa responsabilité. Cette signalisation touristique, qui correspond aux panneaux bleus installés sur les routes du Québec, remonte à 1988 et a considérablement amélioré l'information aux visiteurs. Il appartient maintenant au regroupement des associations touristiques régionales (ATR associées du Québec) de mettre en œuvre les programmes de signalisation touristique, de signalisation des services et de signalisation des itinéraires cyclables hors route. Seul le programme de signalisation des routes et circuits touristiques reste sous la responsabilité du ministère des Transports[45].

---

45. Voir le site Web des ATR associées: <http://www.atraq.com/cgi-ole/cs.waframe.singlepageindex>.

Les règlements les plus pertinents liés au Code de la sécurité routière, eu égard à notre propos, sont les suivants :

- le Règlement sur la signalisation routière (C-24.2, r. 4.1.2) ;
- le Règlement sur les casques protecteurs (C.-24.2, r. 0.03) ;
- le Règlement sur les heures de conduite et de repos des conducteurs de véhicules lourds (C-24.2, r. 1.002) ;
- le Règlement sur les points d'inaptitude (C-24.2, r. 4.002).

Une commission parlementaire, à l'hiver 2000, s'est penchée sur un resserrement de certaines dispositions (p. ex. la proposition du port du casque obligatoire pour les cyclistes qui n'a pas été retenue) ou un relâchement de certaines règles (p. ex. la suggestion d'autoriser le virage à droite sur un feu rouge, ce qui est maintenant permis dans la très grande majorité des villes du Québec). Sujet sensible, le Code de la sécurité routière, contrairement à plusieurs lois, touche directement au comportement des citoyens et reflète un choix de valeurs. Il en fut de même lors de l'adoption, en 1996, de la Loi sur les véhicules hors route (*L.R.Q.*, c. V-1.2) qui concerne les motoneiges et les véhicules tout terrain. Les dispositions de la loi et des trois règlements (sur la motoneige, V-1.2, r. 1, sur les véhicules hors route, V-12, r. 1.1, et sur les véhicules tout terrain, V-1.2, r. 2) prescrivent l'équipement obligatoire, les lieux de circulation et les règles de circulation... toujours en vue d'assurer la sécurité de l'usager.

3.3.3. Le transport maritime

La Loi de 2001 sur la marine marchande du Canada (*L.C.*, 2001, c. 26), qui remplace progressivement les dispositions de la Loi sur la marine marchande (*L.R.C*, 1985, c. S-9) possède un très vaste registre et s'applique autant aux grands navires qu'aux petites embarcations avec ou sans moteur. Avec ses très nombreux articles, ses nombreuses annexes dont certaines intègrent dans la législation canadienne des conventions internationales (telle la Convention internationale de 1989 sur l'assistance) et plus de quatre-vingts règlements, il s'agit d'une loi fédérale majeure qui concerne la procédure d'immatriculation des navires et l'équipement requis sur les bateaux, qui porte sur les mesures pour éviter la pollution et sur la responsabilité des navires et du capitaine en ce domaine, qui édicte les règles de la navigation tout en régissant la compétence des navigateurs et des plaisanciers. Parmi les règlements adoptés sous son autorité, quelques-uns touchent plus précisément à la navigation de plaisance, qui peut constituer une activité touristique recherchée.

Le Règlement sur les petits bâtiments (DORS/2010-91) édicte les normes de construction des bateaux de plaisance, précise l'équipement de sécurité que chaque embarcation doit posséder ainsi que les mesures de sécurité à respecter.

Le Règlement sur les abordages (*C.R.C.* ch. 1416) contient des règles de circulation : chaque conducteur doit se déplacer à une vitesse sécuritaire, être constamment aux aguets et user de tous les moyens disponibles pour déterminer s'il y a un risque d'abordage. Ce règlement précise aussi les priorités de passage.

Dans le même esprit, le Règlement sur les restrictions visant l'utilisation des bâtiments (DORS/2008-120) impose des limites de vitesse, notamment près du rivage, et des limites à la puissance des moteurs. À la suite de plusieurs accidents mettant en cause des motomarines, le gouvernement fédéral a imposé des restrictions, dont celle qui interdit de conduire une motomarine avant d'avoir seize ans, que l'enfant soit accompagné ou non d'un adulte. C'est également dans ce contexte que fut adopté, en 1999, le Règlement sur la compétence des conducteurs d'embarcations de plaisance (DORS/99-53), qui oblige tout conducteur à démontrer la preuve de sa compétence (preuve d'un cours reconnu, carte de conducteur, etc.); ce règlement prend effet progressivement selon l'âge des conducteurs.

Outre cette loi maîtresse, il faut considérer la Loi sur les contraventions (*L.C.*, 1992, c. 47) qui a pour objet de simplifier la procédure à mettre en œuvre en faisant une distinction entre les simples manquements aux lois et règlements et les infractions criminelles. Cette loi permet l'émission de contraventions en cas de non-respect des nombreuses dispositions de la Loi sur la marine marchande du Canada et de ses règlements.

Enfin, la Loi maritime du Canada (*L.C.*, 1998, c. 10), porte sur les administrations portuaires canadiennes, les ports publics et la voie maritime.

3.3.4. Le transport aérien

En ce domaine, le Parlement du Canada a adopté deux lois importantes : la Loi sur le transport aérien (*L.R.C.*, c. C-26), qui intègre les nouvelles dispositions de la Convention de Montréal ayant trait à la responsabilité des transporteurs lors des vols internationaux. Cette loi sera traitée au chapitre suivant, consacré à la responsabilité des prestataires de services touristiques.

La deuxième loi régit les aspects relatifs à la circulation aérienne et à la sécurité des aéronefs et des aéroports. Il s'agit de la Loi autorisant le contrôle sur l'aéronautique, titre abrégé : Loi sur l'aéronautique (*L.R.C.*, c. A-2), qui tient compte notamment des orientations de la Convention de Chicago et de ses nombreuses annexes.

Cette loi, complétée par le très volumineux Règlement de l'aviation canadien (DORS/96-433), permet, entre autres, au ministre responsable d'établir les routes aériennes, de «prendre les mesures nécessaires pour sauvegarder, notamment grâce à la réglementation internationale, les droits de Sa Majesté du chef du Canada en matière de circulation aérienne internationale», de développer et réglementer le domaine de l'aéronautique et de fournir les services météorologiques nécessaires à la sécurité du transport aérien (article 4.2).

La Convention de Chicago, signée en 1944 et enrichie de nombreuses annexes qui reflètent l'évolution et la complexité du transport aérien, s'appuie sur le principe de la souveraineté de chaque État sur l'espace aérien au dessus de son territoire tout en édictant un ensemble de règles communes, acceptées par les États signataires, pour les nécessités du trafic international. La Convention crée aussi un organe permanent, l'Organisation de l'aviation civile internationale (OACI), chargé de faire respecter et de faire évoluer la réglementation internationale et dont le siège social est à Montréal.

À la suite d'actes de terrorisme, notamment ceux du 11 septembre 2001 aux États-Unis, d'autres lois furent adoptées pour resserrer la sécurité du transport aérien. La Loi sur l'Administration canadienne de la sûreté du transport aérien (*L.C.*, 2002, c. 9, art. 2) crée un nouvel organisme responsable de prendre toutes les mesures requises pour contrôler efficacement les personnes qui ont accès par des points de contrôle à un avion ou à une zone réglementée. Est également édictée la Loi sur le droit pour la sécurité des passagers du transport aérien (*L.C.*, 2002, c. 9, art. 5), laquelle fixe un droit qui est exigible des passagers, mais perçu par les transporteurs aériens ou leurs mandataires.

3.3.5. Autres lois

Sans être liées à un mode de transport en particulier, d'autres lois complètent le dispositif législatif et réglementaire. La Loi sur le Bureau canadien d'enquête sur les accidents de transport et la sécurité des transports (*L.C.*, 1989 c. 3) a institué un organisme indépendant qui, comme son nom l'indique, a pour but de promouvoir la sécurité en faisant enquête sur les accidents qui surviennent dans les domaines de la marine, des pipelines, du rail et de l'aviation. Le Code criminel contient des articles sévères qui interdisent la conduite (d'automobiles, d'embarcations de plaisance, etc.) en état d'ébriété.

Faire un tour exhaustif du droit du transport applicable au Québec, au sein de la fédération canadienne, n'est pas une mince tâche et dépasse le cadre fixé pour le présent ouvrage sur le droit du tourisme. Les lois et les règlements mentionnés plus haut donnent cependant un aperçu suffisant de l'encadrement législatif et réglementaire qui vise principalement à assurer la sécurité des voyageurs – les infractions sont sanctionnées pénalement – même si plusieurs dispositions relèvent de la réglementation économique malgré des mesures de libéralisation dans plusieurs modes de transport, la plus spectaculaire des libéralisations, sur le plan international, étant celle du transport aérien.

Amorcée aux États-Unis sous le président Carter en 1978, cette libéralisation s'est étendue progressivement à divers États. Elle se traduit par une suppression plus ou moins absolue, selon les pays, des autorisations administratives fixant les capacités, les fréquences et les tarifs. L'Office des transports du Canada existe toujours, mais ses pouvoirs ont été atténués au fil des ans, notamment par les dispositions de la Loi de 1996 sur les transports au Canada. Cependant, à la suite de l'acquisition par Air Canada des Lignes aériennes Canadien International, le gouvernement fédéral a fait adopter la Loi fédérale régissant l'industrie du transport aérien (titre abrégé) (*L.C.* 2e session, 36e législature, 48-49 Elisabeth II 1999-2000, c. 15) qui est entrée en vigueur le 5 juillet 2000. Cette loi vise à protéger les consommateurs et les collectivités contre les éventuels agissements monopolistiques. Elle a modifié notamment la Loi sur les transports du Canada et a rétabli les pouvoirs de l'Office des transports pour traiter de la perte des bagages et du refus d'embarquement des personnes. L'Office peut intervenir pour contrer la tarification abusive, prévenir les interruptions de service et même se prononcer sur les fusions et les acquisitions. Il est également habilité à recevoir les plaintes des passagers.

La libéralisation du transport aérien et l'allégement réglementaire jumelés à une forte croissance du transport régulier aérien, sans compter les vols nolisés, (même si on a assisté à une baisse à la suite des événements du 11 septembre 2001) peuvent mettre en danger la sécurité des voyageurs. Les mesures de contrôle s'avèrent plus que jamais nécessaires, comme le rappelle Normand Cazelais :

> Pour réduire les risques, il faudra des mesures de contrôle respectées de tous : gouvernements, sociétés aériennes et aéroportuaires, entreprises privées et passagers. Or, tout ce qui entoure le transport aérien – et la réglementation en particulier – est soumis, depuis plus d'une décennie, à des tourbillons aptes à l'agiter encore davantage : le retrait des gouvernements du champ réglementaire, la mondialisation et la libéralisation de l'économie, la privatisation des compagnies aériennes et des aéroports, le développement des alliances (Oneworld, Star Alliance, Qualiflyer), l'internationalisation de la gestion interne des entreprises (qui permet, par exemple, de centraliser les réservations dans un pays et de gérer la billetterie dans un autre)[46].

Plus que jamais, l'action de l'OACI s'avère indispensable !

46. Normand CAZELAIS (1999). « L'univers des transports », *Téoros*, vol. 18, no 3, p. 47.

CHAPITRE 3

LA RESPONSABILITÉ CONTRACTUELLE DES PRESTATAIRES DE SERVICES TOURISTIQUES

Étymologiquement, le terme « responsable » provient du latin *responsum*, de *respondere*, qui veut dire « répondre de », « se porter garant[1] ». Une personne responsable doit répondre de ses actes ou de ceux des personnes dont elle a la charge. En droit civil, la responsabilité peut être définie de la façon suivante :

> Obligation de réparer le préjudice résultant soit de l'inexécution d'un contrat (responsabilité contractuelle), soit de la violation du devoir général de ne causer aucun dommage à autrui par son fait personnel ou du fait des choses dont on

1. Voir également : Jean DUBOIS, Henri MITTERAND et Albert DAUZAT (2007). *Dictionnaire étymologique et historique du français*, Paris, Larousse, p. 715.

a la garde, ou du fait des personnes dont on répond (responsabilité du fait d'autrui) ; lorsque la responsabilité n'est pas contractuelle, elle est délictuelle ou quasi délictuelle[2].

Il faut distinguer la responsabilité civile de la responsabilité pénale qui, elle, consiste à répondre de ses infractions en subissant une sanction pénale selon les conditions et les normes prescrites par la loi : exploiter une agence de voyages sans permis constitue une infraction sanctionnée par une amende substantielle.

Il fut question dans le chapitre précédent de responsabilité pénale Le présent chapitre a pour but d'expliquer la responsabilité des prestataires de services touristiques, non pas comme citoyens face à l'État, mais en leur qualité de fournisseurs de services à l'égard de leurs clients, à l'égard des consommateurs. Cette relation relève du droit civil, lequel régit les rapports privés entre les personnes.

Ce chapitre propose d'abord un survol de quelques notions générales en matière de responsabilité civile contractuelle en droit québécois. Suivra une section sur les applications particulières dans le secteur de l'hébergement touristique, dans celui de l'organisation et de la vente des voyages et dans celui du transport, accompagnée d'un volet historique et comparatif. Le domaine du tourisme a favorisé l'émergence d'applications particulières qui ne remettent pas en cause les principes généraux, mais qui modulent leur mise en œuvre.

1. QUELQUES NOTIONS GÉNÉRALES DE RESPONSABILITÉ CONTRACTUELLE

Sans modifier la plupart des principes généraux en matière de responsabilité civile, le Code civil du Québec (C.c.Q.) a modernisé les approches et les concepts. Il a fait disparaître les distinctions entre les obligations que l'on trouvait à l'article 983 du Code civil du Bas-Canada (C.c.B.-C.), selon qu'il s'agissait de délits ou de quasi-délits, de contrats ou de quasi-contrats, ou encore de la loi seule, au profit de deux régimes de base qui les englobent toutes : la responsabilité extracontractuelle et la responsabilité contractuelle. Même si des différences demeurent entre les deux régimes (compétence du tribunal, solidarité, intérêt légal, etc.), un rapprochement existe toujours entre leurs règles, notamment en ce qui concerne les règles d'exonération et de partage des responsabilités.

---

2. Raymond GUILLIEN et Jean VINCENT (1988). *Lexique de termes juridiques*, Paris, Dalloz, p. 402. Voir aussi Hubert REID, Ad. E. (2010). *Dictionnaire de droit québécois et canadien*, 4e éd., Montréal, Wilson & Lafleur, p. 534-536.

Par contre, l'article 1458 du C.c.Q. interdit l'option qui permettait autrefois de choisir le régime qui était le plus favorable, même s'il appartient toujours aux tribunaux de déterminer si la faute qui a causé le dommage est bien survenue dans le cadre de l'exécution du contrat. Sur ce point, il faut souligner que le contenu de l'obligation contractuelle peut inclure diverses obligations implicites ou accessoires. Ainsi, la responsabilité du grossiste a été retenue, la Cour ayant jugé que le grossiste était responsable envers ses clients des groupes hôteliers qu'il choisit. Dans l'affaire Lyras-Poulin, le vol à main armée perpétré contre des clients de l'hôtel n'a pas été qualifié de force majeure par la Cour, car l'hôtel avait manqué à son obligation d'assurer la sécurité des clients en n'ayant pas de système de sécurité et en autorisant l'ensemble de son personnel à s'absenter de l'hôtel au même moment et c'est ce qui se produisit le jour de l'attaque contre les clients[3].

1.1. Les deux axes du dispositif en matière de responsabilité civile

Les articles 1457 et 1458 du C.c.Q. définissent respectivement la responsabilité extracontractuelle et la responsabilité contractuelle :

> 1457. Toute personne a le devoir de respecter les règles de conduite qui, suivant les circonstances, les usages ou la loi, s'imposent à elle, de manière à ne pas causer de préjudice à autrui.
>
> Elle est, lorsqu'elle est douée de raison et qu'elle manque à ce devoir, responsable du préjudice qu'elle cause par cette faute à autrui et tenue de réparer ce préjudice, qu'il soit corporel, moral ou matériel.
>
> Elle est aussi tenue, en certains cas, de réparer le préjudice causé à autrui par le fait ou la faute d'une autre personne et par le fait des biens qu'elle a sous sa garde.
>
> 1458. Toute personne a le devoir d'honorer les engagements qu'elle a contractés.
>
> Elle est, lorsqu'elle manque à ce devoir, responsable du préjudice, corporel, moral ou matériel, qu'elle cause à son cocontractant et tenue de réparer ce préjudice ; ni elle, ni le cocontractant ne peuvent alors se soustraire à l'application des règles du régime contractuel de responsabilité pour opter en faveur de règles qui leur seraient plus profitables.

Pour Claude Masse, ces deux articles « sont les véritables pivots de tout le dispositif en matière de responsabilité civile. Ils fondent la responsabilité extracontractuelle sur le concept traditionnel de faute et la responsabilité contractuelle sur le devoir d'honorer les engagements contractés, donc sur la notion de faute contractuelle dont la bonne foi est devenue une composante essentielle[4] ».

---

3. « Lyras-Poulin c. Tours Mont-Royal inc. », *J.E.* 96-679.
4. Claude MASSE (1995). « Les conditions générales de la responsabilité pour le fait personnel », *La responsabilité*, Cowansville, Éditions Yvon Blais, p. 26.

1.2. L'intensité du devoir contractuel

Nous empruntons cette formulation à Jean-Louis Baudouin[5]. Au-delà de l'appréciation des éléments fondamentaux de la responsabilité civile (capacité de discernement, faute, dommage et lien de causalité entre la faute et le dommage), il importe de bien cerner la nature et l'intensité des obligations du débiteur contractuel.

La responsabilité du débiteur contractuel est engagée s'il n'a pas respecté ses engagements et qu'il a ainsi causé un préjudice. Mais ce devoir d'honorer ses engagements varie en intensité: «La partie qui s'est engagée envers une autre a le devoir d'honorer son engagement. Pour décider si elle est responsable, elle doit cependant d'abord être convaincue de la validité du contrat, puis l'analyser, pour vérifier le type d'obligations assumées et donc l'intensité des devoirs[6].» La classification des obligations en obligations de moyens (ou de diligence), de résultat ou de garantie permet d'y voir clair et constitue un outil pour déterminer l'intensité du devoir. Au début du XXe siècle, le juriste français René Demogue[7] a introduit cette classification, qui fut reprise par la suite par plusieurs juristes français et québécois. La jurisprudence en matière de responsabilité des agents de voyages y fait abondamment référence, comme nous le verrons plus loin.

L'obligation de moyens est celle qui consiste pour le débiteur à prendre les meilleurs moyens possible pour atteindre un résultat, mais sans assurer le créancier de la réussite. On emploie aussi l'expression «obligation de diligence», car le débiteur est tenu d'agir avec prudence et diligence.

Comme son nom l'indique, l'obligation de résultat est plus forte: le débiteur est tenu de fournir un résultat précis, déterminé à l'avance.

Cette distinction a des conséquences sur le fardeau de la preuve: dans le cas d'une obligation de moyens, le créancier doit établir la faute du débiteur en démontrant qu'il n'a pas pris les meilleurs moyens pour tenter d'obtenir le résultat envisagé, tandis que dans le cas d'une obligation de résultat, le fardeau de la preuve repose sur les épaules du débiteur, car l'absence de résultat crée une présomption de faute à son encontre. Il lui appartient alors de se décharger de ce fardeau en prouvant qu'un fait étranger, qui ne peut lui être imputable, est la cause de l'absence de résultat,

---

5. Jean-Louis BAUDOUIN (1993). *Les obligations*, 4e éd., Cowansville, Éditions Yvon Blais, p. 424. Pour une édition plus récente: Pierre Gabriel JOBIN avec la collaboration de Nathalie VÉZINA (2005). *Les obligations*, 6e éd., Cowansville, Éditions Yvon Blais.
6. Jean-Louis BAUDOIN et Patrice DESLAURIERS (2007). *La responsabilité civile*, 7e éd., vol. 1, Cowansville, Éditions Yvon Blais, p. 162, paragr. 1-179.
7. René DEMOGUE (1925). *Traité des obligations en général*, tome V, Paris, Librairie Arthur Rousseau, p. 538-545.

par exemple la force majeure ou le cas fortuit, que l'on définit comme « un événement imprévisible et irrésistible ; y est assimilée la cause étrangère qui présente ces mêmes caractères » (article 1470 du C.c.Q.).

L'obligation de garantie « est, au fond, une obligation de résultat renforcée, extrêmement lourde pour le débiteur[8] » : même la preuve de la force majeure n'est pas suffisante pour permettre au débiteur de se dégager de sa responsabilité. L'inexécution de l'obligation emporte responsabilité !

1.3. La validité relative des clauses d'exclusion ou de limitation de la responsabilité contractuelle

Les articles 1474 et 1475 du C.c.Q. se présentent comme suit :

> 1474. Une personne ne peut exclure ou limiter sa responsabilité pour le préjudice matériel causé à autrui par une faute intentionnelle ou une faute lourde ; la faute lourde est celle qui dénote une insouciance, une imprudence ou une négligence grossières.
>
> Elle ne peut aucunement exclure ou limiter sa responsabilité pour le préjudice corporel ou moral causé à autrui.
>
> 1475. Un avis, qu'il soit ou non affiché, stipulant l'exclusion ou la limitation de l'obligation de réparer le préjudice résultant de l'inexécution d'une obligation contractuelle n'a d'effet, à l'égard du créancier, que si la partie qui invoque l'avis prouve que l'autre partie en avait connaissance au moment de la formation du contrat.

Le Code civil admet l'exonération ou la limitation de responsabilité pour le préjudice matériel à moins qu'il n'ait été causé par une faute intentionnelle ou lourde, telle que définie à l'article 1474 du C.c.Q. Les avis d'exonération ou de limitation de responsabilité ne sont opposables au créancier qu'en présence de la preuve de connaissance de la clause au moment de la formation du contrat. Cependant, dans les cas où la Loi sur la protection du consommateur (*L.R.Q.*, c. P-40.1) s'applique, l'admissibilité de telles clauses est encore plus limitée. L'article 10 de cette loi édicte ce qui suit : « Est interdite la stipulation par laquelle le commerçant se dégage des conséquences de son fait personnel ou de celui de son représentant. »

Il faut se rappeler aussi que l'interdiction d'exclure ou de limiter sa responsabilité en cas de préjudices corporels et moraux est de droit public (c'est-à-dire que l'on ne peut y déroger par contrat) et que les clauses et avis d'exonération et de limitation ont toujours fait l'objet d'interprétations restrictives de la part des tribunaux, l'une de celles-ci étant l'impossibilité d'exclure toute responsabilité en raison de l'inexécution de l'obligation principale du contrat[9].

---

8. Pierre Gabriel JOBIN avec la collaboration de Nathalie VÉZINA (2005). *Op. cit.*, p. 40.
9. Claude MASSE (1994). « Les cas d'exonération de responsabilité », *La responsabilité*, Cowansville, Éditions Yvon Blais, p. 65-69.

1.4. L'étendue des dommages

L'article 1458 du C.c.Q. précise que toute personne qui manque à son devoir d'honorer les engagements contractés est responsable du préjudice corporel, moral ou matériel qu'elle cause à son cocontractant et qu'elle est tenue de réparer le préjudice, le dommage.

Contrairement au régime de responsabilité extracontractuelle qui permet à toute personne qui a subi un dommage direct et immédiat de réclamer une indemnisation du responsable de ce dommage (c'est le sens que l'on doit donner au terme « autrui » à l'article 1457 du C.c.Q.), l'article 1458 est plus restrictif : l'indemnisation ne pourra être réclamée qu'entre les parties au contrat et leurs ayants cause à titre particulier dans les cas prévus par l'article 1442 du C.c.Q.[10]

Tout aussi explicite, l'article 1607 du C.c.Q. n'admet pas de recours en faveur de celui qui aurait subi un dommage par ricochet :

> 1607. Le créancier a droit à des dommages-intérêts en réparation du préjudice, qu'il soit corporel, moral ou matériel, que lui cause le défaut du débiteur et qui en est une suite immédiate et directe.

Le créancier doit minimiser[11] ses dommages (article 1479 du C.c.Q.). En sus de réclamer réparation pour le dommage direct et immédiat subi il lui est possible de réclamer un dédommagement pour un préjudice futur à condition que ce dernier soit certain et qu'il puisse être évalué (article 1611 du C.c.Q.).

Le dommage matériel est celui causé aux biens. Il est relativement facile d'appréciation : il s'agit d'établir la valeur économique du bien. Le créancier peut obtenir un dédommagement pour la perte du bien ainsi que pour le manque à gagner occasionné par cette perte, s'il y a lieu (article 1611 du C.c.Q.). Deux éléments sont à retenir : d'une part, le créancier ne peut s'enrichir au moyen de dommages-intérêts et, d'autre part, pour les biens non sujets à la revente, l'on calcule, en cas de perte totale, le coût de remplacement moins la dépréciation.

---

10. Ayant cause à titre particulier : personne qui a acquis un ou des droits déterminés d'une autre personne (appelée auteur) par opposition à une universalité qui comporte un actif et un passif. Raymond GUILLIEN et Jean VINCENT (1988). *Op. cit.*, p. 52. Voir également Hubert REID Ad. E. (2010). *Op. cit.*, p. 64-65.
11. Voir « Reachy c. Voyage international ITA ltée », *J.E. 2006-2333* ; « Duchesne c. 3947637 Canada inc. », *J.E. 2006-442*.

Les tribunaux, dont la Cour suprême[12], ont jeté des balises quant à la détermination des dommages-intérêts en cas de préjudice corporel : en ce qui concerne les pertes pécuniaires résultant de ce préjudice, il convient de distinguer entre la perte de revenus et le coût des soins. Les tribunaux accordent aussi une compensation pour la souffrance, les douleurs et la perte de jouissance de la vie. La Cour suprême a fixé le plafond pour les pertes non pécuniaires à 100 000 $ (valeur monétaire de 1978, mais le montant a été actualisé depuis pour tenir compte de l'inflation)[13].

Il y a d'autres dommages d'ordre moral que ceux découlant du préjudice corporel : les dommages résultant d'une atteinte à l'honneur sont du nombre comme ceux, très spécifiques, qui sont liés à la perte du bénéfice escompté parce que des vacances auraient été écourtées ou à cause du stress et de l'incertitude occasionnés par des retards dans le transport aérien[14]. Nous y reviendrons plus loin.

Enfin, il arrive que les tribunaux accordent des dommages exemplaires ou punitifs. Ces dommages ne sont reconnus en droit civil québécois que lorsqu'ils sont spécifiquement prévus par une disposition législative (par exemple, l'article 272 de la Loi sur la protection du consommateur) et ils sont accordés après application de critères d'attribution, dont certains sont énoncés à l'article 1621 du C.c.Q. On retrouve l'octroi de dommages exemplaires dans plusieurs jugements concernant les grossistes et les agents de voyages[15].

---

12. « Andrews c. Grand Toy Alberta Ltd. », (1978) *2 R.C.S.* 229 ; « Thorton c. Board of School Trustees of School District n°. 57 », (1978) *2 R.C.S.* 267 ; Arnold c. Teno, (1978) *2 R.C.S.* 287. Ces trois jugements ont mis de l'ordre sur tout ce qui touche à l'évaluation du préjudice corporel. Ces jugements de *common law* furent bien accueillis en droit civil tant par les tribunaux québécois que par la doctrine.
13. Patrice DESLAURIERS (1994). « La réparation du préjudice corporel », *La responsabilité*, p. 77-87. Le plafond actualisé s'élevait en 2008 à plus de 300 000 $; voir Pierre DESCHAMPS *et al.* (2008-2009). *Responsabilité*, vol. 4, Cowansville, Éditions Yvon Blais, coll. « Droit ».
14. « Pierre Jolicœur c. Airprice Vacances & Transamerica Express inc. », [1996] C.S., n° 500-06-000006-946 (non publié), 22 p.
15. *Ibid.* ; « Belzile c. F.P. Voyage inc. », *J.E. 94-786 (C.Q.)*, « Jasmin c. Vacances Sunwing inc. », *C.Q., 2010-12-21, 2010 QCCQ 16295, AZ-50731313* ; « Dodier c. 2904977 Canada inc. (Caribe Sol) », *C.Q., 2006-04-25, 2006 QCCQ 4034, AZ-50372280* ; « Lamontagne c. Voyages Transatlantiques international Cowansville inc. (Voyages Trans-mode) », *C.Q., 2005-03-29, AZ-50307429* ; « Lafortune c. Agence de voyages Boistard, Poirier inc. », *C.Q., 2004-10-25, AZ-50277545* ; « Lahyanssa c. 3225518 Canada inc. », *C.Q., 2003-12-05, AZ-50279246* ; « Lemaître-Auger c. Vacances Tours Mont-Royal inc. », *C.Q., 2002-11-19, AZ-50152733* ; « Poirier c. Air Transat », *C.Q., 2001-10-31, AZ-50104477* ; « Roy c. Club Voyages Escapade 2000 », *C.Q., 2000-12-05, AZ-01036192* ; « Lambert c. Minerve Canada », [1998] *R.J.Q.* 1740, *J.E.* 98-1516 (C.A.) ; « Nguen c. New Asia Tours inc. », *J.E.* 96-334 (C.S.) ; « Joyal c. Élite Tours », *J.E.* 93-729 (C.S.).

2. QUELQUES APPLICATIONS PARTICULIÈRES

Les principes généraux de la responsabilité contractuelle s'appliquent aux contrats de services touristiques, bien qu'il existe quelques applications particulières prévues par des dispositions législatives ou découlant d'interprétations jurisprudentielles.

2.1. La responsabilité des hôteliers à l'égard des bagages de leurs hôtes

Ce n'est pas d'hier qu'il y a un régime spécial de responsabilité concernant les hôtels. Dans la Rome antique, les hôtels avaient mauvaise réputation et le droit romain avait élaboré un régime plus sévère à leur intention. Cette méfiance s'est perpétuée en quelque sorte jusqu'à nos jours. Au Moyen Âge, des arrêts du Parlement de Paris reflétèrent cette suspicion: en 1327, un arrêt condamnait un hôtelier à payer des dommages à un voyageur à qui l'on avait volé des effets; par contre, en 1342, le même Parlement de Paris rejetait la demande de dédommagement d'un voyageur qui avait refusé de mettre ses objets de valeur dans le coffre de l'hôtel[16].

Un peu plus tard, dans le même esprit, le grand juriste français Pothier fondait la responsabilité des hôteliers à l'égard des effets des voyageurs sur la notion de dépôt, ce qui fut repris dans le Code civil français (articles 1952 à 1954), dans celui du Bas-Canada (articles 1813 à 1816a) et, de nos jours, dans le Code civil du Québec (articles 2298 à 2304).

Deux principes se conjuguent pour préciser la responsabilité des hôteliers: une obligation de résultat, dont l'hôtelier peut se libérer s'il prouve la cause étrangère (notamment la force majeure), et une limitation de responsabilité à certaines conditions[17].

16. Luc BIHL (1981). *Droit des hôtels, restaurants et campings*, Paris, Librairies techniques, p. 1-3.
17. «Tremblay c. Motel Classi inc.», *2009 QCCQ 5888* (Canlii) où la responsabilité de l'hôtelier n'a pas été retenue pour le vol du canot d'un client. Voir également: «Blake c. Goupe Laro Alta inc.», *C.Q.*, *2001-12-04*, *AZ-50107302* où la Cour a conclu qu'il s'agissait en l'espèce d'un prêt d'espace à titre gratuit pour stationner les motoneiges. Le demandeur avait lui-même garé ses motoneiges et avait gardé les clefs en sa possession, et «Groupe Commerce (Le) compagnie d'assurance c. Compagnie d'assurance American Home», C.Q., *2000-05-31*, *AZ-00036533*, où «[...] le Tribunal [conclut] qu'en l'espèce il s'est agi effectivement d'un contrat de stationnement, non de dépôt, le véhicule de l'assuré de la demanderesse n'ayant pas été remis à un employé de Holiday Inn, puisque c'est le témoin Renée Houde qui a stationné le véhicule et conservé les clefs pendant la durée de leur voyage».

L'article 2298 du C.c.Q. est explicite sur ce point:

Art. 2298. La personne qui offre au public des services d'hébergement, appelée l'hôtelier, est tenue de la perte des effets personnels et des bagages apportés par ceux qui logent chez elle, de la même manière qu'un dépositaire à titre onéreux, jusqu'à concurrence de dix fois le prix quotidien du logement qui est affiché ou, s'il s'agit de biens qu'elle a acceptés en dépôt, jusqu'à concurrence de cinquante fois ce prix.

Par rapport au Code civil du Bas-Canada, qui consacrait quelques articles au dépôt hôtelier (articles 1815 et 1816), il y a continuité sur le plan des principes, mais les modalités sont différentes. Le Code civil du Québec regroupe les articles concernant le dépôt hôtelier dans une section distincte (section III) du chapitre onzième consacré au dépôt, tandis que le C.c.B.-C. insérait ces articles dans la section consacrée au dépôt nécessaire. Quoi qu'il en soit, qu'il s'agisse de dépôt nécessaire ou de dépôt hôtelier spécifiquement nommé, que l'article 2298 du C.c.Q. associe au dépôt à titre onéreux, la personne offrant au public des services d'hébergement est tenue d'une obligation de résultat et l'indemnisation est limitée. La grande différence entre l'ancien code et les dispositions actuelles réside dans le montant de cette limite: quarante dollars dans le Code civil du Bas-Canada, ce qui était devenu une somme ridiculement basse à la fin du XXe siècle, par rapport à un montant nettement supérieur, jusqu'à concurrence de dix fois le prix quotidien du logement qui est affiché, dans le Code civil.

La formulation de l'article 2298 soulève des questions d'interprétation non encore éclaircies par la jurisprudence. Cet article ne s'appliquerait-il qu'au détenteur d'une attestation de classification d'un établissement d'hébergement touristique, catégorie «établissements hôteliers», ou bien à tout détenteur d'une classification quelle que soit la catégorie de son établissement d'hébergement touristique? Il nous semble que l'on doive retenir le deuxième terme de l'alternative et que l'expression «appelée l'hôtelier» n'est employée que pour des raisons pratiques. D'ailleurs, dans le C.c.B.-C, on ne restreignait pas l'obligation aux seuls hôteliers, mais celle-ci s'étendait bien à «ceux qui tiennent auberge, maison de pension et hôtellerie» (article 1814 du C.c.B.-C.).

S'il y a un grand avantage à se reporter au prix quotidien du logement qui est affiché, que se passera-t-il à présent que les établissements d'hébergement ne sont plus tenus d'afficher les prix? Advenant un litige, le juge tiendra-t-il compte du prix effectivement facturé ou du prix annoncé sur le site Internet de l'hôtelier, par exemple?

Une autre modification par rapport au droit antérieur est la limite de responsabilité lorsque les biens sont expressément confiés à la garde de l'hôtelier: l'article 1815 du C.c.B.-C. ne prévoyait pas de limite à la responsabilité dans ce cas, tandis que l'article 2298 du C.c.Q limite celle-ci « à concurrence de cinquante fois » le prix du logement quotidien qui est affiché.

Évidemment, l'hôtelier peut exiger que les biens soient placés « dans un réceptacle fermé ou scellé » comme dans l'ancien Code, mais on lui permet maintenant, ce qui n'était pas le cas auparavant, de les refuser « si, compte tenu de l'importance ou des conditions d'exploitation de l'hôtel, les biens paraissent d'une valeur excessive ou sont encombrants, ou encore s'ils sont dangereux » (articles 2299 du C.c.Q.)[18].

L'hôtelier a une responsabilité illimitée si la perte du bien est imputable à sa faute intentionnelle ou lourde ou celle d'une personne dont celui-ci est responsable, s'il refuse d'accepter en dépôt les biens qu'il est tenu d'accepter ou encore s'il n'a pas pris les moyens d'informer correctement le client des limites de sa responsabilité (articles 2301 et 2304 du C.c.Q.). Sur ce plan, il n'y a pas de différences significatives avec l'ancien Code.

L'hôtelier ne peut se dégager de son obligation de résultat que s'il prouve la force majeure, car le dépôt est à titre onéreux (article 2289 du C.c.Q.); le Code civil du Bas-Canada mentionnait la force majeure, mais aussi les vols commis avec force armée (ce dernier cas est-il assimilé à la force majeure ?) et la négligence ou l'incurie du client (article 1815 du C.c.B.-C.).

Enfin, à l'article 2302, le Code civil a repris, pour l'essentiel, la disposition de l'ancien Code et accorde un droit de rétention aux personnes qui offrent des services d'hébergement sur les effets et bagages de leurs clients si ces derniers ne paient pas le prix du logement. Selon l'article 2303, elles peuvent alors disposer des biens retenus conformément aux règles prévues dans le livre Des biens pour le détenteur du bien confié et oublié (notamment l'article 945 du C.c.Q.), règles qui leur donnent plus de marge de manœuvre que précédemment (article 1816a du C.c.B-C.).

Le Code civil du Québec, tout en respectant les principes antérieurs, a donc apporté sur cette question de la responsabilité des hôteliers des précisons intéressantes et a actualisé la limite de responsabilité. Néanmoins, les zones d'ombre précédemment mentionnées n'ont pas encore été éclairées par la jurisprudence ou n'ont pas reçu d'explications suffisantes au

18. Selon les commentaires du ministre de la Justice : « La notion de valeur excessive de même que le caractère encombrant ou dangereux s'évaluent selon l'importance et les conditions d'exploitation de l'hôtel », Jean-Louis BAUDOIN et Yvon RENAUD (2010). *Code civil annoté*, t. 2, 13e éd., Montréal, Wilson & Lafleur, p. 3234.

moment de l'adoption du Code. En outre, plusieurs hôteliers – et c'est encore plus vrai pour les autres tenanciers d'établissements d'hébergement touristique – semblent ignorer la teneur de ces articles ou font fi de l'obligation d'informer correctement leur clientèle comme le prévoit l'article 2304.

2.2. La responsabilité croissante des agents de voyages envers les consommateurs

Quelle est la responsabilité des agents de voyages à l'égard des clients insatisfaits des prestations obtenues? Cette question a donné lieu à de nombreux procès qui ont généré plusieurs interprétations jurisprudentielles, en constante évolution cependant depuis l'avènement de la Loi sur la protection du consommateur, puis du Code civil du Québec. Plusieurs des causes furent entendues devant la Division des petites créances de la Cour du Québec. Quelques recours collectifs ont permis à la Cour supérieure de se prononcer sur cette question, mais il y a peu de jugements de la Cour d'appel.

La Loi sur les agents de voyages n'est pas d'une grande utilité pour circonscrire la responsabilité des agents de voyages. Les juges n'y font que très peu référence, sauf pour donner la définition d'un agent de voyages. L'intérêt de cette loi réside, rappelons-le, dans son caractère préventif, grâce aux dispositions qui visent l'assainissement de la pratique commerciale et la protection du consommateur (permis d'exploitation, compte en fidéicommis, cautionnement individuel, fonds d'indemnisation, obligations en matière de publicité et d'information), et dans le rôle de l'Office de protection du consommateur, qui veille au respect de la loi et du règlement, qui règle certaines plaintes et entreprend les actions requises pour obtenir l'imposition de sanctions pénales aux contrevenants.

En ce qui concerne le régime de responsabilité, les juges s'appuient plutôt sur le Code civil et sur la Loi sur la protection du consommateur. On peut déceler trois grandes étapes dans l'appréciation de l'étendue de la responsabilité des agents de voyages ou, autrement dit, de l'intensité du devoir contractuel des agents de voyages. Cette appréciation découle, entre autres, de la définition du contrat de voyage.

2.2.1. Avant 1980, une jurisprudence favorable aux agents de voyages, simples intermédiaires

Les juges ont toujours voulu qualifier le contrat de voyage avant de déterminer la responsabilité des agents de voyages. Mais comme l'a souligné Thérèse Rousseau-Houle, « les contrats de voyages ne sont pas toujours de même nature et, pour les qualifier, on se heurte à de nombreuses difficultés dues à la variété et à l'extension des fonctions qu'accomplissent les agences de voyages[19]». Dans les années 1970, plusieurs juges ont souligné qu'il s'agissait d'un contrat de mandat[20], mais quelques-uns ont refusé de voir dans l'agent de voyages le mandataire de qui que ce soit[21]. Certains jugements présentent l'agent de voyages comme le mandataire des grossistes et des autres prestataires de services (hôteliers, transporteurs)[22], les autres comme le mandataire des clients[23]. Dans quelques jugements, on a invoqué les règles du droit commun relatives à la vente[24], tandis que dans d'autres on a plutôt qualifié le contrat de voyage de contrat d'entreprise[25].

Y a-t-il contradiction et inconstance dans la jurisprudence des années 1970 ? Pas nécessairement, car tout dépend des faits, tout dépend des actes qu'ont effectivement posés les agents de voyages.

Dans la recherche d'une certaine cohérence au sein de la jurisprudence, les juges et les auteurs qui se sont penchés sur la question ont apporté une distinction capitale : l'agent de voyages, simple intermédiaire entre le client et le prestataire de services, et l'agent en tant qu'organisateur de voyages. Cette distinction était et demeure implicitement contenue dans la définition même de l'agent de voyages à l'article 2 de la Loi sur les agents de voyages.

Généralement, l'agent de voyages détaillant est un intermédiaire, mais ce n'est pas toujours le cas, car rien ne lui interdit d'organiser un voyage individuel ou de groupe pour le compte de ses clients. Le grossiste, quant à lui, est considéré comme un organisateur de voyages, celui qui crée les forfaits, mais certains grossistes ne font que de la vente en gros de billets de transport aérien (on les appelle alors des « consolidateurs »).

Une fois cette distinction bien établie, les juges ont modulé en conséquence l'étendue de la responsabilité des agents de voyages à l'égard de leurs clients : l'intermédiaire ne sera soumis qu'à une obligation de moyens, alors que l'organisateur de voyages devait assumer une véritable obligation de résultat.

L'agent de voyages qui n'agissait que comme intermédiaire pour vendre un forfait élaboré par un grossiste en retenant des places dans un hôtel ou encore en délivrant des billets de transport devait prouver qu'il

19. Thérèse ROUSSEAU-HOULE (1983). « La responsabilité des agences de voyages : les tendances de la jurisprudence récente », 24 *C. de D.* p. 644.
20. Entre autres, « Rousseau c. Agence de voyages en liberté Québec », *J.E.* 79-139 (C.P.) ; « Doran c. Demetelin » [1980] *C.P.* 234.
21. « Ste-Marie c. Montabault inc. », [1979] *R.L.* 583 (C.P.).
22. « Vincelli c. Boshi », *J.E.* 82-473 ; « Rousseau c. Agence de voyages en liberté Québec inc. » (déjà cité).
23. « Audet c. Corbeil », [1975] *R.L.* 320 (C.P.).
24. « Deschesnes c. Juan », [1975] *R.L.* 267 (C.P.).
25. « Aubuchon c. Bourderon », [1976] *C.P.* 537.

avait pris les moyens nécessaires, qu'il avait fait preuve de diligence et de prudence et qu'il n'avait pas commis de faute de son fait personnel. L'agent de voyages qui était un organisateur de voyages devait atteindre le résultat: il ne pouvait s'exonérer par la preuve d'une simple absence de faute de sa part, mais devait prouver que la cause du dommage était la force majeure.

Cette approche qui vise à faire varier l'intensité du devoir contractuel de l'agent de voyages selon qu'il est considéré comme intermédiaire ou organisateur de voyages renvoie, même si ce n'est pas toujours dit clairement, à la définition des contrats. L'agent intermédiaire est mandataire des clients ou des fournisseurs de services, incluant le grossiste: selon les dispositions du Code civil du Bas-Canada alors en vigueur, le mandataire devait assumer son mandat avec l'habileté convenable et tous les soins attendus d'un bon père de famille (article 1750). Si les clients sont perçus comme les mandants, l'agent de voyages n'assume à leur égard qu'une obligation de moyens; si l'agent est plutôt considéré comme le mandataire du grossiste ou des autres fournisseurs, il n'est pas personnellement responsable envers les tiers, donc les clients, s'il a décrit aux clients son mandat (article 1715). Dans le cas contraire, sa responsabilité est engagée.

Quant à l'organisateur, les tribunaux ont refusé de le considérer comme un simple intermédiaire entre les clients et les fournisseurs de services et ils ont vu l'existence d'un contrat d'entreprise avec les conséquences juridiques qui en découlaient. Roland-Yves Gagné résume bien la jurisprudence traditionnelle de cette période: «Comme entrepreneur et architecte du voyage, [l'organisateur] s'engage auprès de son client à coordonner des services, à prévoir des difficultés, à éviter des complications. Tenu de respecter ses engagements, il est soumis à une obligation de résultat[26].»

2.2.2. Avec la décennie 1980, un changement de cap plus favorable aux consommateurs

En 1978, une nouvelle Loi sur la protection du consommateur[27] voit le jour au Québec et les juges y feront de plus en plus référence pour déterminer la responsabilité des agents de voyages.

L'article 2 de cette loi précise qu'elle s'applique «à tout contrat conclu entre un consommateur et un commerçant dans le cours des activités de son commerce et ayant pour objet un bien ou un service». Le contrat de voyage entre un agent de voyages et un consommateur a pour objet un service et entre donc dans le champ d'application de la loi. Dans la cause

26. Roland-Yves GAGNÉ (1989). «La responsabilité des différents intervenants en matière de voyages», 49 *R. du B.*, p. 535.
27. La nouvelle loi remplaçait celle de 1974.

« Comartin c. Bordet[28] », la Cour supérieure rappelle que l'article 10 de la Loi sur la protection du consommateur interdit la stipulation par laquelle un commerçant se dégage des conséquences de son fait personnel ou de celui de son représentant. Dans cette cause concernant un organisateur de voyages, le juge n'hésite pas à invalider une clause de non-responsabilité remise aux clients par l'organisateur qui le dégageait de toute responsabilité pour les agissements des fournisseurs de services. Pour le juge, l'organisateur a fait preuve de négligence en ne choisissant pas des fournisseurs de services compétents et fiables : seul un cas fortuit (force majeure) peut en définitive dégager un organisateur de voyages de sa responsabilité. La référence à la Loi sur la protection du consommateur ne marque pas un changement véritable de la jurisprudence, car celle-ci avait déjà affirmé auparavant que l'organisateur de voyages est tenu d'une obligation de résultat.

Le véritable changement touche à la responsabilité des agents de voyages intermédiaires. En se référant à la Loi sur la protection du consommateur, des juges ont conclu à la responsabilité de l'agent intermédiaire même si ce dernier avait agi « en bon père de famille » et qu'il avait pris les moyens nécessaires.

Dans la première cause qui reconnut cette responsabilité, « Pétrin c. Voyages P.L.M.[29] », le juge Pierre Durand souligne que l'exploitation d'une agence de voyages est un service effectué par un commerçant, sujet aux dispositions de la Loi sur la protection du consommateur. Il s'appuie principalement sur l'article 41 de ladite loi qui s'énonce comme suit :

> Un bien ou service fourni doit être conforme à une déclaration ou à un message publicitaire faits à son sujet par le commerçant ou le manufacturier. Une déclaration ou un message publicitaire lie ce commerçant ou ce manufacturier[30].

Le juge Durand considère alors l'agent de voyages détaillant, simple intermédiaire, comme responsable de la publicité faite par le grossiste et le condamne à dédommager le client pour les inconvénients subis du fait que l'hôtel n'était pas situé sur la plage mais à mille pieds de celle-ci et qu'il n'y avait ni piscine, ni terrasse comme l'indiquait la publicité du grossiste (organisateur).

---

28. « Comartin c. Bordet », [1984] *C.S.* 584.
29. « Pétrin c. Voyages P.L.M. inc. », *J.E.* 83-793 (C.P.).
30. Le texte de l'article 41 est reproduit tel que cité par le juge Pierre Durand. Depuis 1999, on a remplacé le terme « manufacturier » par « fabricant ». Voir la Loi concernant l'harmonisation au Code civil des lois publiques (*L.Q.*, 1999, c. 40, article 234).

Quelques années plus tard, en 1986, dans la cause «Burns c. Vacances Carnival (Québec) ltée[31]», le juge Jules Barrière, tout en s'appuyant sur la Loi sur la protection du consommateur, réaffirme l'approche traditionnelle. Il se réfère également à l'article 41, mais il apporte une nuance de taille: l'agent de voyages intermédiaire n'est pas responsable de la publicité du grossiste, car «l'obligation de respecter la publicité appartient à celui, du commerçant ou du manufacturier, qui l'a faite». Le juge Barrière en arrive à cette conclusion en s'appuyant sur l'article 54 de la loi qui énonce les cas où le consommateur peut recourir contre l'un et l'autre pour le manquement à des obligations, mais l'obligation énoncée à l'article 41 ne s'y retrouve pas. Le juge affirme que si la Loi sur la protection du consommateur est venue ajouter un fardeau de responsabilité ou de garantie légale aux agents de voyages, en pratique, les cours continueront à examiner la situation de fait: «Ainsi, si l'agent de voyages agit comme organisateur du voyage, architecte du voyage, il sera soumis à une obligation de résultat, mais s'il agit comme intermédiaire ou mandataire du consommateur pour acheter un "prêt à partir", il n'aura alors que l'obligation de moyens.»

Mais, le 18 avril 1990, le juge Jean-Marie Châteauneuf de la Cour du Québec, dans la cause «Gosselin c. Service de voyages Yves Bordeleau inc.[32]», contredit le juge Barrière et réhabilite la position du juge Durand. Pour le juge Châteauneuf, l'article 41 doit être lu «comme signifiant que le commerçant ou le manufacturier ou les deux peuvent être tenus responsables d'une publicité erronée». La loi impose une obligation de livrer la marchandise vendue (ici le forfait, le prêt-à-partir) sans qu'il soit possible à l'agent de voyages détaillant (le vendeur/commerçant/intermédiaire) d'invoquer la conduite fautive du grossiste pour se disculper. Bien sûr, le détaillant pourra toujours par la suite se retourner contre le grossiste; il conserve son recours récursoire, mais, par rapport au client, le détaillant est responsable.

Malgré quelques hésitations (notamment la position du juge Barrière qui semble vouloir s'en tenir à l'approche traditionnelle), on peut déceler dans les jugements de première instance de cette période un changement de cap quant à la responsabilité des agents de voyages, simples intermédiaires. D'ailleurs, pour revenir aux exemples mentionnés ci-dessus, les positions des juges Durand et Châteauneuf semblent rejoindre la position de la doctrine française de l'époque et actuelle, qui reconnaît une responsabilité contractuelle du fait d'autrui. Par cette théorie, il n'est pas nécessaire de prouver que le débiteur a commis une faute personnelle si ce dernier a

31. «Burns c. Vacances Carnival (Québec) ltée», [1986] *R.J.Q.*, p. 943-945 (C.P.).
32. «Gosselin c. Service de voyages Yves Bordeleau inc.», *J.E.* 90-922 (C.Q.).

introduit volontairement des substituts pour exécuter son obligation[33]. L'acte fautif du substitut ne peut exonérer le débiteur. La Directive du Conseil du 13 juin 1990 concernant les voyages, vacances et circuits à forfait[34] va dans le même sens. À l'article 5, elle invite les États membres à prendre «les mesures nécessaires pour que l'organisateur et/ou le détaillant partie au contrat soient responsables à l'égard du consommateur de la bonne exécution des obligations résultant de ce contrat, que ces obligations soient à exécuter par eux-mêmes ou par d'autres prestataires de services et ceci sans préjudice du droit de l'organisateur et/ou du détaillant d'agir contre ces autres prestataires de services».

La mise en vigueur du Code civil du Québec en janvier 1994 ne fera que confirmer, voire accentuer cette nouvelle tendance.

2.2.3. Avec l'avènement du Code civil du Québec, la tendance favorable aux consommateurs est renforcée

Bien qu'on ait généralement qualifié de mandat le contrat de voyage, cette qualification est un peu boiteuse, car en réalité les agents de voyages ne concluent pas toujours des actes juridiques pour leurs clients. Selon Nicole L'Heureux[35], on pouvait aussi, en vertu du Code civil du Bas-Canada, les comparer à des intermédiaires de commerce, voire à des courtiers.

Le Code civil introduit une nouvelle catégorie de contrat qui permet d'oublier le contrat de mandat et qui va comme un gant à la fonction des agents de voyages. Il s'agit du contrat d'entreprise ou de service, défini à l'article 2098:

> Art. 2098. Le contrat d'entreprise ou de service est celui par lequel une personne, selon le cas l'entrepreneur ou le prestataire de services, s'engage envers une autre personne, le client, à réaliser un ouvrage matériel ou intellectuel ou à fournir un service moyennant un prix que le client s'oblige à lui payer.

En gros, et de façon simple, telle est la fonction de l'agent de voyages: fournir, à titre onéreux, un service pour un client! Dans un contrat d'entreprise ou de service, il n'y a aucun lien de subordination entre le client et l'entrepreneur ou le prestataire de services qui a le libre choix des moyens d'exécution du contrat (article 2099). *A priori*, l'entrepreneur et le prestataire de services sont tenus d'une obligation de moyens, mais ils peuvent être tenus d'une obligation de résultat, ce qui sera le cas pour un agent de voyages

33. Cass. Civ. 1re, 10 mai 1989, «Société Voyages-Conseil c. Mme Joulie», *Bull. civ. I*, no 183, p. 122.
34. Déjà citée au chapitre 2.
35. Nicole L'HEUREUX (1993). *Droit de la consommation*, 4e éd., Cowansville, Éditions Yvon Blais, p. 209.

dont le contrat avec le client est aussi un contrat de consommation, sujet à l'application de la Loi sur la protection du consommateur. L'article 2100 du Code civil mérite d'être cité au long:

> Art. 2100. L'entrepreneur et le prestataire de services sont tenus d'agir au mieux des intérêts de leur client, avec prudence et diligence. Ils sont aussi tenus, suivant la nature de l'ouvrage à réaliser ou le service à fournir, d'agir conformément aux usages et règles de leur art, et de s'assurer, le cas échéant, que l'ouvrage réalisé ou le service fourni est conforme au contrat.
>
> Lorsqu'ils sont tenus du résultat, ils ne peuvent se dégager de leur responsabilité qu'en prouvant la force majeure.

C'est parce que le contrat de voyage est aussi un contrat de consommation au sens de l'article 1384 du Code civil du Québec et de l'article 2 de la Loi sur la protection du consommateur qu'il entre dans le champ d'application de la Loi sur la protection du consommateur et que l'agent de voyages est tenu du résultat[36]. En effet, en vertu de l'article 16 de la Loi sur la protection du consommateur, l'agent de voyages, simple intermédiaire, est tenu de la livraison du bien ou du service; il est responsable de la conformité des biens et services décrits au contrat (article 40) et il ne peut invoquer une clause d'exonération, interdite en vertu de l'article 10. De plus, il est responsable du fait des sous-traitants, des autres fournisseurs de services (transporteurs, hôteliers, etc.)[37]. En vertu des articles 41 et 42, l'agent est responsable du contenu des énoncés publicitaires (annonce, brochure) ou des déclarations écrites ou verbales pour vendre le service[38].

A fortiori, l'organisateur du voyage est aussi tenu à la même obligation de résultat. Selon l'article 1525 du C.c.Q., la solidarité est présumée entre les débiteurs d'une obligation contractée pour le service ou l'exploitation d'une entreprise et l'un et l'autre peuvent être séparément contraints pour la totalité de l'obligation. L'agent de voyages, simple intermédiaire, conserve néanmoins un recours récursoire contre l'organisateur. Même si des causes antérieures ont reconnu la responsabilité des agents simples intermédiaires,

---

36. «Belval c. Voyages Tour-Monde inc.», *EYB 2010-188443 (C.Q.)*; «Beaulieu c. Agence de voyages Nouveau-Monde», *C.Q., 2007-02-05, 2007 QCCQ 2346, AZ-50424131*; «Voisine c. Voyages Jean-Pierre inc.», *C.Q., 2009-01-20, 2009 QCCQ 793, AZ-50536298*; «Saraïlis c. Voyages Héritage J&A inc.», *C.A., 2008-12-17, 2008 QCCA 2439, J.E. 2009-101*; «Palerme c. Groupe incursion inc. (Incursion voyages)», *EYB 2007-121927 (C.Q.)*; «Harrison c. Transat Tours Canada inc.», *C.Q., 2006-07-20, 2006 QCCQ 6848, AZ-50383889*; «Leblanc c. Voyages Guertin (1975) ltée», *J.E. 2005-112 (C.Q.)*; «Blondin c. Promotions Suzanne Végiard inc.», *J.E. 2004-934 (C.Q.)*; «Verrault c. 124851 Canada inc.», *J.E. 2003-628 (C.Q.)*; «Vourakis c. 144068 Canada inc.», *J.E. 2002-1758 (C.Q.)*; «Brault c. Voyages du Suroît», *J.E. 2001-1447 (C.Q.)*; «Desfossés c. Royal Vacances», *[1996] R.L. 501 (C.Q.)*.
37. «Côté c. Agence 1001 Voyages inc. (Club voyages 1001)», *EYB 2007-120172 (C.Q.)*.
38. «Morin c. Agence de voyages Orientation Varennes inc.», *EYB 2007-123431 (C.Q.)*.

la mise en vigueur du Code civil devrait dissiper toute incertitude. Pour Nicole L'Heureux, « les décisions antérieures à la loi perdent donc tout intérêt depuis que le législateur s'est prononcé[39] ».

Certaines parmi les premières décisions rendues en conformité avec le Code civil sont en droite ligne avec les clarifications apportées par le législateur et sont des bijoux en la matière. Dans « Mainville c. Tours Mont-Royal[40] », le juge Boyer de la Cour du Québec se réfère spécifiquement aux articles 2098 et 2099 du Code civil et à l'article 16 de la Loi sur la protection du consommateur pour établir la responsabilité contractuelle de l'agence détaillante (simple intermédiaire) et également la responsabilité du grossiste (organisateur). Il en va de même dans « Côté c. Voyages Nolitours inc.[41] ». Cependant, même s'il appartient à la Cour d'apprécier chaque situation de fait, certains jugements sont suspects. Comment comprendre, dans « Pelletier c. Tour Mont-Royal[42] », l'affirmation du juge qui rejette l'action contre l'agence détaillante Inter Voyage au motif qu'elle se serait bornée à présenter aux demandeurs la brochure publicitaire du grossiste et qu'elle serait liée par un contrat de services constituant pour elle une obligation de moyens ? Le juge ayant refusé aussi de reconnaître la responsabilité du grossiste, il faut peut-être voir en cette décision un jugement en équité[43], le juge soulignant que les demandeurs avaient payé un prix ridiculement bas, qu'ils ne devaient pas s'attendre à obtenir plus que ce qu'un acheteur raisonnable pourrait exiger dans les circonstances et que l'action des demandeurs constitue un abus de droit qui doit être dénoncé.

La responsabilité des agents de voyages s'étend non seulement au respect des divers éléments de services prévus au contrat, mais aussi à des aspects accessoires comme le respect de l'horaire en matière de transport. Il appartient certes au transporteur d'effectuer le déplacement des personnes selon l'horaire convenu, mais les agents de voyages peuvent être tenus responsables des dommages causés par le retard dans le transport. Un jugement de la Cour d'appel du Québec (l'un des rares en ce domaine !), « Lambert c. Minerve Canada, compagnie de transport aérien inc.[44] », a établi la responsabilité d'un grossiste pour les dommages survenus à la suite d'un retard du transporteur aérien. Pour le juge Baudouin, « Multitour, par l'intermédiaire de l'agence de voyages locale, se porte fort [...] vis-à-vis

---

39. Nicole L'HEUREUX (1993). *Op. cit.*, p. 212.
40. « Mainville c. Tours Mont-Royal », *J.E.* 96-635 (C.Q.).
41. « Côté c. Voyages Nolitours inc. », *J.E.* 98-293 (C.Q.). Voir aussi : Lamontagne c. Voyages transatlantiques internationaux Cowansville inc., EYB 2005-89971 (C.Q.).
42. « Pelletier c. Tour Mont-Royal inc. », *J.E.* 96-1801 (C.Q.).
43. Selon le *Lexique de termes juridiques* (déjà cité), l'équité est «une réalisation suprême de la justice, allant parfois au-delà de ce que prescrit la loi» (p. 200).
44. « Lambert c. Minerve Canada », déjà citée en note 17.

du client de l'exécution par le transporteur de son obligation *de résultat.* [...] En outre, le bris mécanique de l'appareil n'est pas, comme je l'ai précisé plus haut, dans les circonstances de l'espèce constitutif de force majeure. Multitour doit donc être tenue responsable envers l'appelant. [...] En l'espèce, toutefois, un retard de quelque 20 heures pour des personnes qui partent pour une semaine de vacances au soleil est conséquent[45] ». La responsabilité conjointe et solidaire de l'organisateur du voyage et du transporteur aérien a aussi été reconnue pour raisons de retard dans « Pierre Jolicœur c. Airprice Vacances et Transamerica Express Inc.[46] ».

Dans « Belzile c. F.P. Voyage inc.[47] », s'appuyant sur les articles 16 et 40 de la Loi sur la protection du consommateur, le juge soutient que l'agent de voyages, simple intermédiaire, « a commis une faute en choisissant un grossiste dont la situation financière fragile a encouragé un transporteur à agir d'une manière cavalière à l'encontre de ses propres obligations ».

La preuve de la force majeure peut permettre aux agents de voyages de se dégager de leur responsabilité[48]. C'est le sens du deuxième alinéa de l'article 2100 du Code civil du Québec.

Mais l'intensité du devoir contractuel de l'agent de voyages pourrait-elle être considérée de même nature qu'une obligation de garantie qui exclurait de ce fait la force majeure comme moyen d'exonération ? Cette question a été évoquée dans « Bouchard c. Les entreprises Dorette VA/GO inc.[49] », dans l'extrait suivant du jugement de la Cour supérieure :

> Sous le régime du *Code civil du Québec*, la doctrine et la jurisprudence concluent que l'organisateur de voyages, en tant qu'entrepreneur de services, est tenu à une « obligation de résultat ». L'organisateur est donc présumé responsable en cas de manquement à ses obligations, sauf s'il fait la preuve de force majeure.
>
> Par ailleurs, l'application de la *Loi sur la protection du consommateur* ajoute au fardeau qui incombe à l'organisateur de voyages et augmente l'intensité de ses obligations. En effet, en plus d'être tenu à une obligation de résultat, l'organisateur est tenu aux « garanties de conformité » prévues aux articles 34, 40 et 41 de la *Loi sur la protection du consommateur*[50].

La question n'a pas été suffisamment débattue dans la doctrine et la jurisprudence pour qu'on tire des conclusions, mais elle préfigure peut-être une évolution nouvelle de la jurisprudence.

---

45. *Ibid.*, p. 1749-1750.
46. « Pierre Jolicœur c. Airprice Vacances et Transamerica Express inc. », déjà citée en note 14.
47. « Belzile c. F.P. Voyage inc. », [1994] *A.J.D.Q.* 2707 (C.Q).
48. « Béland c. Voyage Charterama Trois-Rivières ltée », *EYB 2010-176736* (C.Q.) ; « Martin c. 9129-2367 QC inc. », *C.Q., 2006-07-24, 2006 QCCQ 7290, AZ-50386667.*
49. « Bouchard c. Les entreprises Dorette VA/GO inc. », [1997] *R.J.Q.* 2579-2588 (C.S.).
50. *Ibid.*, p. 2584.

Dans l'appréciation de la responsabilité des prestataires de services touristiques, dont les agents de voyages, on peut aussi se référer aux obligations des commerçants en ce qui concerne les pratiques de commerce et la publicité. Plusieurs articles de la Loi sur la protection du consommateur peuvent, à ce chapitre, s'appliquer aux agents de voyages (article 219 sur les représentations fausses et trompeuses; article 228 sur l'omission d'un fait important; articles 224 et 231 sur la vente à un prix supérieur et la vente à prix d'appel).

Quant à l'appréciation des dommages, les juges ont beaucoup de latitude, les consommateurs bénéficiant des recours prévus à l'article 272 de la Loi sur la protection du consommateur:

> Art. 272. Si le commerçant ou le fabricant manque à une obligation que lui impose la présente loi, un règlement, ou un engagement volontaire souscrit en vertu de l'article 314 ou dont l'application a été étendue par un décret pris en vertu de l'article 315, le consommateur, sous réserve des autres recours prévus par la présente loi, peut demander, selon le cas:
>
> *a*) l'exécution de l'obligation;
>
> *b*) l'autorisation de la faire exécuter aux frais du commerçant ou du fabricant;
>
> *c*) la réduction de son obligation;
>
> *d*) la résiliation du contrat;
>
> *e*) la résolution du contrat; ou
>
> *f*) la nullité du contrat,
>
> sans préjudice de sa demande en dommages-intérêts dans tous les cas. Il peut également demander des dommages-intérêts punitifs.

Si le tribunal considère que le consommateur n'aurait jamais effectué le voyage s'il avait su ce qui l'attendait, il peut accorder le remboursement complet du prix du voyage, même si le voyageur a pu jouir en partie des lieux[51]: le devoir pour le consommateur de restituer les prestations reçues en vertu de l'article 1606 C.c.Q. est tempéré par l'article 1704 C.c.Q., qui le dispense de tout remboursement si la jouissance du bien est de bonne foi[52]. Dans d'autres situations, selon les faits mis en preuve, les juges peuvent imposer un remboursement partiel ou à tout le moins le paiement des frais excédentaires encourus par le consommateur[53]. Les juges n'hésitent pas à accorder des dommages et intérêts pour compenser les troubles, les

51. «Langelier c. Voyage Vasco Louise Drouin», *C.Q.*, 2010-11-10, 2010 QCCQ 10070, AZ-50692927; «Offrey c. Voyages Pentatours», *C.Q.*, 2010-06-30, 2010 QCCQ 5641, AZ50651996; «Lebel c. Transat Tour Canada inc. (Nolitours)», *C.Q.*, 2009-10-27, 2009 QCCQ 11920, AZ-50583578.
52. «Mainville c. Tours Mont-Royal», déjà citée en note 31; «Renaud c. 169025 Canada inc.», [1997] *R.L.* 163 (C.Q.).
53. «Côté c. Voyages Nolitours inc.», déjà citée en note 41.

inconvénients, l'incertitude, la perte du bénéfice des vacances. Là encore, des nuances s'imposent: il n'y pas nécessairement lieu d'apprécier de la même façon le dommage résultant d'un retard à l'aller, qui réduit la durée des vacances, du retard au retour des vacances[54]. Il n'y a pas de règles fixes pour l'appréciation de ce type de dommages, laissée à la discrétion du tribunal.

Quant à l'octroi de dommages exemplaires ou punitifs, autorisé par l'article 272 de la Loi sur la protection du consommateur, les tribunaux de première instance ne s'en privent pas. Dans «Joyal c. Élite Tours inc.[55]», le juge Chabot de la Cour supérieure affirme: «Les dommages-intérêts exemplaires sont de nature dissuasive et n'exigent pas nécessairement la preuve de la mauvaise foi de la part du commerçant. Il suffit que la conduite de celui-ci démontre une insouciance face à la loi et aux comportements que la loi cherche à réprimer[56].»

Le juge Baudouin de la Cour d'appel précise qu'il n'est pas en faveur de l'octroi de dommages exemplaires en l'absence de faute personnelle: «Les dommages exemplaires visent à sanctionner un comportement fautif précis et non à s'ajouter à une responsabilité déléguée lorsque l'on constate une absence de faute personnelle[57].»

2.3. La responsabilité des transporteurs

Les blessures, voire le décès du voyageur, surviennent généralement en cours de transport. Les législations nationales contiennent des mesures visant à assurer la sécurité des voyageurs et le Canada ne fait pas exception à la règle, comme on a pu le noter au chapitre 2 du présent ouvrage. Des conventions internationales, comme la Convention relative à l'aviation civile internationale, connue sous le nom de Convention de Chicago (ci-après «Convention de Chicago»), visent à harmoniser les mesures de sécurité entre les différents pays.

En cas d'accidents, les transporteurs sont tenus d'indemniser les voyageurs ou leurs ayants droit. Dans plusieurs pays, ils sont soumis à une obligation de résultat. Là encore, des conventions internationales (la Convention de Varsovie et maintenant la Convention de Montréal sur le transport aérien international, celle de Berne sur le transport par chemin de fer ou celle d'Athènes sur le transport par mer) reconnaissent la responsabilité des transporteurs, mais limitent les montants de dédommagement.

---

54. «Pierre Jolicœur c. Airprice Vacances et Transamerica Express inc.», déjà citée en note 14.
55. «Joyal c. Élite Tours», déjà citée en note 15.
56. *Ibid.*, p. 1153.
57. «Lambert c. Minerve Canada», déjà citée en note 15, p. 1751.

Des règles similaires de responsabilité existent aussi en cas de perte ou de dommages causés aux bagages des voyageurs. Généralement, le transporteur sera tenu responsable et ne pourra s'exonérer qu'en prouvant la force majeure ou le fait étranger; on trouve là aussi des limitations quant aux montants de dédommagement.

Sur le plan de la responsabilité des transporteurs, le Code civil du Québec contient de nouvelles dispositions par rapport à l'ancien Code. Par ailleurs, pour ce qui touche plus particulièrement au transport aérien international, des modifications ont eu pour effet d'augmenter sensiblement les montants de dédommagement.

Les articles du Code civil du Québec ainsi que ceux de la Loi fédérale sur le transport aérien et de la Convention de Montréal, dans le cas d'un vol international, font principalement l'objet de la prochaine section. Nous mettons l'accent sur le transport aérien, en raison de son importance et des nombreuses situations reflétées par la jurisprudence, qui impliquent aussi d'autres acteurs touristiques, notamment les agents de voyages.

2.3.1. La responsabilité des transporteurs selon le Code civil du Québec

Par rapport aux articles 1672 à 1682 du Code civil du Bas-Canada consacrés aux voituriers, le Code civil du Québec a dépoussiéré et clarifié les règles en ce qui concerne le contrat de transport[58]. Le chapitre sixième du Code porte exclusivement sur le transport: la première section (articles 2030 à 2058) rassemble les règles applicables à tous les modes de transport, les articles 2036 à 2039 touchant particulièrement au transport des personnes; la seconde section (articles 2059 à 2084) contient les règles particulières au transport maritime des biens.

Après avoir défini le contrat de transport à titre onéreux (article 2030) et le transport successif (article 2031) effectué par plusieurs transporteurs qui se succèdent, le Code mentionne que les dispositions du chapitre sixième ne s'appliquent pas au transport à titre gratuit à moins qu'il ne soit effectué «par un transporteur qui offre ses services dans le cours des activités de son entreprise» (article 2032)[59]. Ce dernier article met ainsi

---

58. Pour une analyse générale du contrat de transport prévu au Code civil, voir Nathalie VÉZINA. «Le trajet convergeant de la responsabilité civile contractuelle et du contrat de transport de personnes en droit québécois: premier bilan de l'itinéraire», dans Benoît MOORE (dir.) (2003). *Mélanges Jean Pineau*, Montréal, Thémis, p. 577.
59. Selon les commentaires du ministre de la Justice, «Le transport à titre gratuit, non régi par le présent chapitre, n'exige du transporteur qu'une obligation légale de prudence et de diligence telle qu'énoncée à l'article 1457. Toutefois, il existe des circonstances où les règles du présent chapitre demeurent applicables, notamment le cas des jeunes enfants voyageant gratuitement», *Code civil annoté, op. cit.*, p. 2814.

en lumière deux régimes de responsabilité : s'il s'agit d'un transport à titre gratuit qui n'est pas offert par un transporteur dans le cadre des activités de son entreprise, le transporteur est soumis à une obligation de moyens, il n'est tenu « que d'une obligation de prudence et de diligence » ; dans les autres cas, il est tenu à une obligation de résultat selon des modalités prévues, entre autres, aux articles 2034, 2037 et 2038[60].

Selon ces derniers articles, le transporteur doit réparer le préjudice résultant du retard, à moins qu'il ne prouve la force majeure. Il est tenu de mener le passager à destination, sain et sauf[61], et il est responsable de la perte des bagages et des autres effets que le passager lui a confiés.

Une application de l'obligation de résultat du transporteur à l'égard des bagages du passager se retrouve dans la cause « Drapeau c. Intercar[62] ». Même si la disparition du bagage est due à l'acte volontaire ou involontaire d'un autre passager, le transporteur est responsable de la perte des bagages qui lui ont été confiés selon les termes mêmes de l'article 2038 du C.c.Q.

Outre la force majeure, l'état de santé du voyageur, sa propre faute ou le vice propre du bien transporté peuvent être prouvés par le transporteur pour se dégager de sa responsabilité. En outre, « il n'est pas responsable de la perte de documents, d'espèces ou d'autres biens de grande valeur, à moins que la valeur ou la nature du bien ne lui ait été déclarée et qu'il n'ait accepté de le transporter » (article 2038). Le même article précise que, dans le cas des bagages à main et des effets laissés sous la surveillance du passager, le fardeau de la preuve est renversé et il appartient à ce dernier de prouver la faute du transporteur.

Contrairement aux dispositions relatives à la responsabilité des hôteliers à l'égard des bagages de leurs hôtes, on ne précise pas ici de limites au montant du dédommagement ; l'article 2034 du Code civil ne permet au transporteur de limiter ou d'exclure sa responsabilité que « dans la mesure et aux conditions prévues dans la loi ».

Enfin, l'article 2036 mentionne que le transport de personnes couvre les opérations d'embarquement et de débarquement et l'article 2039 édicte qu'en cas de transport successif celui qui effectue le transport est responsable du préjudice qui a lieu au moment où il effectue ce transport sauf si, par une stipulation expresse, l'un des transporteurs a accepté la responsabilité pour tout le voyage.

---

60. Pour un rappel et un survol de ces dispositions : « Leduc c. Air Labrador », *C.Q., 2009-10-02, 2009 QCCQ 9560, AZ-50578334.*
61. Dans « Gagnon c. Descaneaux », *C.S., 2009-07-31, 2009 QCCQ 3661, AZ-50570033*, la Cour a conclu que l'obligation (de résultat) de conduire le passager sain et sauf s'étendait aux opérations d'embarquement et de débarquement.
62. « Drapeau c. Intercar », *J.E.* 95-563 (C.Q.) ; « Daviault c. Compagnie d'aviation Cubana », *C.Q., 2004-03-11* (jugement rectifié le 2004-04-14), *AZ-50226541.*

2.3.2. *La responsabilité du transporteur aérien*

Le gouvernement fédéral a une juridiction exclusive en matière de transport aérien sauf pour les questions de responsabilité, qui sont de juridiction partagée. En effet, s'il s'agit d'un transport intérieur, le droit commun s'applique et, selon le cas, le Code civil du Québec peut être amené à régir la responsabilité du transporteur aérien en cas de préjudices corporels ou matériels[63]. Par contre, s'il s'agit d'un transport international, le régime de responsabilité sera celui contenu dans la Loi sur le transport aérien ou Loi visant à donner suite à certaines conventions pour l'unification de certaines règles relatives au transport aérien international (*L.R.C.*, c. C-26). Cette loi a été modifiée en 2001 pour intégrer le contenu de la Convention pour l'unification de certaines règles relatives au transport aérien international, plus connue sous le nom de Convention de Montréal de 1999 (ci-après «Convention de Montréal» ou «C.M.»).

Comme son titre l'indique, cette loi intègre dans la législation canadienne les dispositions de la Convention de Montréal, signée dans cette ville, dans le cadre des travaux de l'Organisation de l'aviation civile internationale (OACI), et entrée en vigueur au Canada, le 4 novembre 2003 à la suite de modifications qui furent apportées à la Loi sur le transport aérien. Signée par 63 États en 1999 lors des travaux de l'OACI, la C.M. devait recueillir 30 ratifications pour entrer en vigueur[64]. Elle compte actuellement 102 États parties[65]. Cette convention remplace la Convention de Varsovie de 1929 qui, malgré divers amendements apportés au fil des ans (Protocole de La Haye en 1955, Convention de Guadalajara en 1961, divers protocoles additionnels), demeurait dépassée à cause du plafond d'indemnisation dérisoire, surtout en cas de blessures ou de décès des passagers. Quant aux États non parties à la Convention de Montréal, ils demeurent régis par la Convention de Varsovie. La C.M. préserve plusieurs aspects de la Convention de Varsovie, mais instaure un nouveau système à deux volets pour déterminer la responsabilité d'un transporteur aérien lorsqu'il y a décès ou blessures

63. Par contre, le Règlement sur les transports aériens (fédéral) – DORS/88-58 oblige tout transporteur aérien qui effectue un service intérieur au Canada ou un service international à détenir une assurance de 300 000 $ par siège en cas de blessures et de décès et une assurance responsabilité civile de 1 000 000 $ CAD à 2 000 000 $ CAD et même plus selon la grosseur des avions (article 7).
64. Un régime de responsabilité semblable à la Convention de Montréal de 1999 avait été établi par le règlement de l'Union européenne n° 2027/97. Il est entré en vigueur le 17 octobre 1998 et s'est appliqué aux transporteurs aériens détenant un permis d'exploitation délivré par l'Union européenne. Ce règlement a été amendé par le Règlement n° 889/2002 du Parlement européen et du Conseil du 13 mai 2002 en vue d'aligner le dispositif communautaire sur les nouvelles dispositions internationales.
65. La liste des États parties est disponible au <http://www2.icao.int/en/leb/List%20of%20Parties/mtl99_fr.pdf>. Dernière consultation en date du 26 juillet 2011.

de passagers dans le cas d'un accident survenu lors d'un transport aérien international. La Convention de Montréal s'applique à tout transport aérien international de personnes, de bagages ou de marchandises effectué contre rémunération. Elle peut s'appliquer à un transport gratuit si ce transport est effectué par une entreprise de transport aérien (article 1 de la C.M. à l'annexe VI de la loi fédérale).

Mais qu'est-ce qu'un transport international au sens de la loi fédérale et de la Convention de Montréal ? Et quel est le régime de responsabilité instauré par cette convention ?

Qu'est-ce qu'un transport international ?

Selon l'article 1 de la Convention de Montréal, la définition d'un transport international ne renvoie pas au trajet effectué par l'avion à bord duquel les passagers auront été victimes d'un préjudice, mais bien à ce qui a été expressément stipulé par les parties (c'est-à-dire le passager et la compagnie aérienne) au contrat de transport. Si, d'après les stipulations des parties, le point de départ et le point de destination « sont situés soit sur le territoire de deux États parties, soit sur le territoire d'un seul État partie si une escale est prévue sur le territoire d'un autre État, même si cet État n'est pas un État partie », le transport sera considéré comme international. Il faut se référer au contrat de transport, le billet d'avion en faisant généralement foi.

Dans le cas d'un transport effectué par plusieurs transporteurs aériens successifs, conclu sous la forme d'un seul contrat (billet) ou d'une série de contrats, le transport ne perd pas son caractère international s'il a été envisagé comme une opération unique, même si « un seul contrat ou une série de contrats doivent être exécutés intégralement sur le territoire d'un même État ».

Ainsi, sur un vol Montréal-Toronto avec Air Canada, deux passagers pourront être soumis à deux régimes de responsabilité différents advenant un accident : pour l'un, il s'agira du régime découlant de la qualification de transport intérieur, car il n'a qu'un simple billet indiquant que le point de départ est Montréal et le point de destination est Toronto ; pour l'autre, il s'agira du régime de la Convention de Montréal, car son billet indique un point de départ à Paris, une escale à Montréal et un point de destination à Toronto. Dans un autre cas, sur un même trajet, un passager sera en situation de transport intérieur, car il a acheté son billet pour Toronto à Montréal une fois arrivé de Paris, tandis qu'un autre sera considéré en situation de transport international parce qu'il a acheté la portion Montréal-Toronto sur Air Canada en même temps qu'il a acheté la portion Paris-Montréal sur Air France et que le tout a été envisagé comme une opération unique.

La responsabilité du transporteur aérien selon la Convention de Montréal s'étend aux opérations d'embarquement et de débarquement des passagers et à la période pendant laquelle les bagages enregistrés se trouvent sous la garde du transporteur (article 17 de la C.M.).

Quel est le régime de responsabilité ?

Une responsabilité objective du transporteur, assimilable d'une certaine manière à une obligation de résultat, est définie aux articles 17 à 20 de la Convention de Montréal; une responsabilité plus ou moins limitée selon les situations et les termes des articles 22 à 26.

Le transporteur aérien est responsable de tout dommage survenu en cas de mort, de blessures ou de toute autre lésion corporelle, de tout dommage survenu en cas de destruction, perte ou avarie de bagages, de tout dommage résultant d'un retard dans le transport aérien. En comparaison avec la Convention de Varsovie, il n'y a pas de changement significatif sur ce plan. C'est plutôt au chapitre des limites de responsabilité que les changements sont les plus importants. La Convention de Varsovie, même amendée par le Protocole de la Haye, prévoyait une limite outrageusement basse en cas de mort ou de blessures, soit 250 000 francs-or, l'équivalent d'environ 33 000$ canadiens (article XI du Protocole de La Haye qui avait modifié l'article 22 de la Convention de Varsovie car, en 1929, la limite avait été fixée à la moitié de cette somme). La Convention de Montréal prévoit dorénavant un régime de responsabilité à deux niveaux en cas de mort accidentelle ou de lésions subies par un passager. Pour des dommages ne dépassant pas 113 100 droits de tirages spéciaux (DTS) – 179 781,25 dollars canadiens[66] – la responsabilité du transporteur est engagée, aucune exclusion ni limite ne sont possibles, pas même en cas de force majeure (article 21 de la C.M.). Par contre, en cas de négligence, d'acte ou d'omission imputable à la victime elle-même, qui aurait causé le dommage ou qui y aurait contribué, le transporteur peut être exonéré en tout ou en partie de sa responsabilité à l'égard de cette personne (article 20 de la C.M.).

Au-dessus du seuil de 113 100 DTS, le transporteur est responsable à concurrence du montant des dommages, sauf s'il prouve :

a) que le dommage n'est pas dû à la négligence ou à un autre acte ou omission préjudiciable du transporteur, de ses préposés ou de ses mandataires, ou

b) que ces dommages résultent uniquement de la négligence ou d'un autre acte ou omission préjudiciable d'un tiers (article 21 de la C.M.).

---

66. En date du 8 août 2011. Au moment de la mise en vigueur de la C.M. en 2003, les sommes allouées étaient respectivement de 100 000 DTS, de 4 150 DTS (retard) et de 1 000 DTS (bagages). Les nouvelles valeurs mentionnées ci-dessus ont été fixées à la suite de la révision périodique des limites originelles.

Même dans ce cas qui permet au transporteur, au-dessus du seuil de 113 100 DTS, de se dégager de sa responsabilité, le fardeau de la preuve lui incombe.

En ce qui concerne les dommages subis par un passager en cas de retard, la limite de responsabilité est fixée à 4 694 DTS – environ 7 456 dollars canadiens (article 22, par. 1).

Pour les bagages (enregistrés ou non) des passagers, il y a une légère hausse des limites de responsabilité par rapport à la Convention de Varsovie amendée par le Protocole de la Haye. La limite est fixée à 1 131 DTS – environ 1 796 dollars canadiens – sauf, bien sûr, déclaration spéciale d'intérêt.

En ce qui a trait au retard, le transporteur peut se dégager de sa responsabilité s'il prouve la force majeure. Lorsqu'il est question d'apprécier la force majeure qui permettrait de dégager la responsabilité du transporteur en cas de retard par exemple, il faut analyser les faits de chaque cause, mais les juges ont tendance à restreindre la portée de ce moyen d'exonération. Ainsi, les bris mécaniques ne sont généralement pas considérés comme une force majeure, mais les conditions climatiques peuvent l'être ainsi qu'une grève d'employés[67]. Dans « Recchia c. K.L.M., lignes aériennes royales néerlandaises[68] », la juge Suzanne Courteau de la Cour supérieure rappelle que la responsabilité du transporteur ne découle pas seulement du bon fonctionnement de l'appareil, mais peut s'étendre aussi au comportement d'un passager qui met en danger la sécurité des autres passagers. Par contre, la preuve de la faute de la personne lésée qui a causé le dommage ou y a contribué peut atténuer, voire écarter la responsabilité du transporteur à son égard (c'est le sens de l'article 20 de la C.M.). On retrouve à l'article 19 de la Convention de Montréal la même formulation qu'à l'article 20 de la Convention de Varsovie. La preuve de la propre négligence ou d'un autre acte ou omission de la victime ayant contribué au dommage peut aussi être invoquée comme moyen d'exonération (article 20 de la C.M.). En ce qui concerne les bagages, outre la preuve de la négligence de la victime, le transporteur n'est pas responsable « si et dans la mesure où le dommage résulte de la nature ou du vice propre des bagages. Dans le cas des bagages non enregistrés, notamment des effets personnels, le transporteur est responsable si le dommage résulte de sa faute ou de celle de ses préposés ou mandataires » (article 17 de la C.M.).

67. Dans la cause « Bernard c. Royale Aviation Express inc. » (2000). Cour du Québec, Réf. AZ-00036133, le mauvais temps n'est pas considéré comme un cas de force majeure, mais dans « O'Brien c. Air Canada », [1976] *C.P.* 26, une violente tempête de neige ayant occasionné un retard fut considérée comme tel. Il faut bien analyser les faits. Dans « Vallée c. Fonds d'aide aux recours collectifs », *J.E.* 93-1910 (C.Q.), un ouragan qui avait été annoncé n'a pas été considéré comme un cas de force majeure, car il manquait l'élément d'imprévisibilité.

68. « Recchia c. K.L.M. lignes aériennes néerlandaises », [1999] *R.J.Q.* 2024 (C.S.).

Il est possible, pour un passager, de « faire sauter » les limites relatives aux retards et aux bagages, s'il est prouvé que le dommage résulte d'un acte ou d'une omission du transporteur, de ses préposés ou de ses mandataires, dans l'exercice de leurs fonctions, avec l'intention de provoquer un dommage ou témérairement avec conscience qu'un dommage en résultera probablement (article 22, par. 5).

Et qu'en est-il de l'octroi des dommages psychologiques sous la Convention de Montréal ? Les dispositions de celle-ci n'abordent pas cet aspect explicitement. Cela signifie-t-il qu'il faille conclure à l'exclusion de toute indemnisation de ce type de préjudice sous la Convention de Montréal ? La question s'est posée aux tribunaux québécois.

Dans la cause Simard c. Air Canada[69], se basant sur la Convention de Montréal, la Cour n'a pas reconnu la possibilité de compenser un préjudice psychologique en l'absence de tout préjudice physique. Dans cette cause, le demandeur devait s'envoler pour le Royaume-Uni afin d'assister à la fête d'anniversaire surprise d'un ami. Mais le vol sera annulé, après une attente de plus de six heures à bord de l'appareil, à cause d'une alerte à la bombe.

La Cour se réfère à l'arrêt Plourde[70] dans lequel le juge avait conclu que l'expression « lésion corporelle » à l'article 17 ne pouvait comprendre le préjudice psychologique ou moral. Le juge s'appuie également sur une jurisprudence étrangère constante sur l'interprétation de l'article 17 ou de son pendant de la Convention de Varsovie et qui exclut tout renvoi à des dommages psychologiques dans l'expression « lésion corporelle ».

L'issue de la réclamation du demandeur quant aux troubles et inconvénients dus au retard (article 19) n'est guère différente. Le juge partage l'avis de son collègue dans l'affaire Plourde et en cite l'extrait ci-après : « De plus, le fait que l'article 29 de la Convention de Montréal écarte expressément tout recours en dommages-intérêts punitifs ou exemplaires ou à une autre fin que la réparation ne supporte pas la thèse que le dommage psychologique doit être indemnisé sous la Convention de Montréal, en présence d'indices convergeant tout en faveur du maintien de l'interprétation prévalant sous la Convention de Varsovie[71]. »

Pourtant, la réponse à la question des dommages psychologiques se trouve, à notre avis, dans l'article 29. C'est cette piste qui sera exploitée par le juge Cameron dans la cause « Bensimon c. Agence de voyage

69. « Simard c. Air Canada », 2007 QCCS 4452, AZ-50452293.
70. « Plourde c. Services aériens F.B.O. inc. (Skyservice) », jugement de la Cour supérieure du 5 décembre 2005, 500-06-00283-057 (confirmé par la Cour d'appel le 28 mai 2007).
71. « Simard c. Air Canada », déjà cité à la note 69, p. 9 et 10.

Travelocity.ca[72] ». Pour le juge Cameron : « L'article 29 ne fournit aucune base textuelle pour prétendre que les dommages pour perte de jouissance ou troubles et inconvénients ainsi que des dommages moraux sont exclus dans le cadre de recours basé sur l'article 19 de la Convention de Montréal. Ces dommages constituent une forme de réparation. Ce sont des dommages qui n'ont pas de caractère punitif ou exemplaire, ils sont plutôt compensatoires[73]. »

Le juge insiste sur la distinction qui doit nous guider entre les articles 17 et 19 de la Convention de Montréal. Ainsi, « la conséquence la plus directe d'un accident, c'est la lésion corporelle. La conséquence la plus directe d'un délai, c'est l'inconvénient et la perte partielle de bénéfice du voyage. [...] vu de cette façon, le préjudice le plus direct et usuel d'un délai est, dans une certaine mesure, psychologique, parce qu'il est relié à la perception par l'individu de l'inconfort physique ou la perte de jouissance dont il est victime[74] ». Pour notre part, nous nous rallions à l'interprétation faite par le juge Cameron. La direction donnée dans Bensimon reste une exception pour encore un temps, car le courant jurisprudentiel développé sous la Convention de Varsovie, et renforcé par les interprétations faites de la Convention de Montréal, demeure prédominant et suivi[75].

En conclusion, mentionnons que la Convention de Montréal compte des dispositions relatives au délai de protestations (bagages et marchandises – article 31), à la juridiction compétente (article 33), au délai de recours en matière d'action en responsabilité (article 35) et, enfin, des dispositions portant sur le transporteur contractuel et le transporteur de fait (chapitre V).

72. « Bensimon c. Agence de voyage Travelocity.ca », C.Q., 2008-12-18, 2008QCCQ12778, AZ-50532920.
73. *Ibid.*, p. 10.
74. *Ibid.*, p. 12.
75. À noter la décision « Mohammad c. Air Canada », *C.Q.*, 2010-06-02, 2010 QCCQ 6858, AZ-50663703, dans laquelle le juge décida ce qui suit : « *As for damages claimed for inconveniences, the passengers' journey was hectic and difficult. They finally arrived in Montreal on the expected date but not without experiencing anxiety and trouble. The Court therefore grants each passenger that has travelled back to Montreal on August 25th 2007, the sum of $150 each* » (par. 37). Pour un rappel des interprétations données à la Convention de Montréal et du raisonnement appliqué en cas de conflit entre une loi nationale et la C.M. et de l'interprétation adoptée des obligations d'Air Canada en matière de bilinguisme, voir « Thibodeau c. Air Canada », *C.F.*, 2011-07-13, 2011 C.F. 876, AZ-50772925.

CHAPITRE 4

LA PROTECTION ET LA VALORISATION DU MILIEU D'ACCUEIL

Les régions du Québec reçoivent annuellement de nombreux touristes[1], des Québécois d'abord[2], mais aussi plusieurs étrangers[3]. Cette présence de touristes peut avoir un impact positif comme négatif sur les communautés d'accueil. Pour accueillir ces touristes, on érige des infrastructures qui façonnent

---

1. Pour l'année 2009, le Québec aurait accueilli 28,5 millions de touristes. L'on estime les recettes totales à 6,6 milliards de dollars. (Institut de la statistique du Québec, *Le Québec chiffres en main*, Édition 2011, p. 38. Cette publication est disponible en ligne au: <http://www.stat.gouv.qc.ca/publications/referenc/pdf2011/QCM2011_fr.pdf>. Dernière consultation en date du 20 août 2011.)
2. En 2009, 78,8% des 28,5 millions de touristes étaient Québécois et 10,6% étaient des Canadiens des autres provinces, *ibid.*
3. 6,7% d'Étasuniens et 3,9% de touristes d'autres pays (statistiques pour l'année 2009), *ibid.*

le territoire pour le meilleur comme pour le pire. Des actions de protection et de valorisation du patrimoine naturel et culturel sont justifiées par le développement du tourisme.

À l'instar d'un État, le gouvernement du Québec dispose d'un arsenal juridique pour contrôler, du moins en partie, l'aménagement d'un territoire qui peut devenir l'objet de plusieurs convoitises et le jeu d'intérêts contradictoires, pour conserver un environnement naturel menacé constamment par des interventions humaines de toutes sortes, pour protéger et valoriser la culture nationale, le patrimoine matériel et immatériel des communautés ou, tout simplement, pour assurer l'ordre public et la tranquillité dans les lieux visités. Cet arsenal, constitué de lois et de règlements adoptés par les divers ordres de gouvernement, s'il ne vise pas particulièrement l'activité touristique, ne manque tout de même pas d'avoir des incidences sur le tourisme.

Le présent chapitre présente un bref survol de cet arsenal en insistant sur les dispositions qui concernent le tourisme.

1. L'AMÉNAGEMENT DU TERRITOIRE

Deux lois, dont l'adoption remonte à plus de trente ans, imposent un certain nombre des règles du jeu en matière d'aménagement du territoire: la Loi sur la protection du territoire et des activités agricoles *(L.R.Q.*, c. P-41.1) et la Loi sur l'aménagement et l'urbanisme *(L.R.Q.*, c. A-19.1). Modifiées à plusieurs reprises depuis leur mise en vigueur, ces deux lois doivent être prises en considération dans l'élaboration d'un projet de développement touristique.

1.1. La protection du territoire agricole

Sanctionnée en 1978, la Loi sur la protection du territoire et des activités agricoles vise à réserver à l'agriculture les sols propres à cette activité économique. Cette loi a instauré un véritable système de zonage agricole. Ainsi en est-il pour les municipalités dont les sols agricoles sont protégés: désignation de la zone agricole, fixation de la zone agricole permanente, administration de ladite zone.

La loi a créé la Commission de protection du territoire agricole du Québec[4], dont les fonctions sont définies à l'article 3 et qui est chargée:

4. Pour en apprendre davantage sur la Commission, consulter ses décisions et ordonnances, rendez-vous sur son site Internet au <http://www.cptaq.gouv.qc.ca/index.php?id=153>.

a) de décider des demandes d'autorisation qui lui sont soumises en vertu de la loi relativement à l'utilisation, au lotissement ou à l'aliénation d'un lot, de même que des demandes visant à l'inclusion d'un lot dans une zone agricole ou à l'exclusion d'un lot d'une zone agricole;

b) de délivrer les permis d'exploitation requis pour l'enlèvement du sol arable conformément à la section V;

c) de délimiter, en collaboration avec la municipalité locale, la zone agricole du territoire de celle-ci;

d) d'émettre un avis sur toute affaire qui doit lui être référée en vertu de la loi;

e) de surveiller l'application de la présente loi.

Même si les municipalités locales disposent de pouvoirs précis en vertu de la loi, la Commission joue un rôle important. En vertu de l'article 14, elle peut notifier à tout contrevenant une ordonnance l'enjoignant à n'effectuer aucun lotissement ou travail sur le lot visé, à cesser la contravention reprochée, à démolir les travaux déjà exécutés et même à remettre le lot dans son état antérieur.

Tout promoteur touristique doit évidemment tenir compte de ce « zonage agricole » qui impose, de ce fait, des contraintes à l'implantation de son projet sur le territoire. À plus long terme cependant, la loi contribue à l'essor du tourisme rural en préservant un équilibre dans l'affectation des sols et en contribuant à la préservation des paysages agricoles.

La loi prévoit aussi des exceptions : la Commission peut, par exemple, autoriser, à des fins autres que l'agriculture et à certaines conditions qu'elle détermine, « le lotissement, l'aliénation, l'inclusion et l'exclusion d'un lot ou la coupe d'érables ». Avant de prendre sa décision, la Commission peut considérer l'effet du projet sur le développement économique de la région « sur la base d'une preuve soumise par une municipalité, une communauté, un organisme public ou un organisme fournissant des services d'utilité publique » (article 62). La loi compte également des dispositions relatives aux droits acquis (articles 101 à 105).

La loi prévoit enfin, à l'article 69.1, une possible révision des zones agricoles dans le cadre de l'élaboration et de la révision des schémas d'aménagement.

1.2. Aménagement et urbanisme

La référence aux schémas d'aménagement nous conduit tout naturellement à la Loi sur l'aménagement et l'urbanisme, sanctionnée le 21 novembre 1979 et amendée à plusieurs reprises. Elle a pour objet d'établir le cadre d'élaboration et d'application des règles relatives à l'aménagement du territoire et de conférer à des municipalités régionales de comté (MRC) la responsabilité de préparer et de mettre en œuvre sur leur territoire respectif un schéma d'aménagement. De semblables responsabilités, avec les adaptations nécessaires, sont également accordées aux villes de Laval, de Mirabel, de Québec, de Lévis, de Longueuil, de Gatineau, de La Tuque et des Îles-de-la-Madeleine (articles 264 à 267).

La loi précise ce que doit contenir un schéma d'aménagement (article 5) et les modalités pour préparer, adopter, modifier ou réviser un tel schéma. L'article 33 de la loi prévoit que par la suite chaque municipalité du territoire couvert par le schéma est tenue d'adopter pour son propre territoire un plan d'urbanisme et des règlements de zonage, de lotissement et de construction conformes au schéma d'aménagement. Pour un territoire non organisé, il appartient à la MRC elle-même d'adopter ces règlements. Les dispositions concernant le plan d'urbanisme sont prévues aux articles 81 à 112, celles relatives au règlement de zonage aux articles 113 et 114, et celles qui touchent aux règlements de lotissement et de construction aux articles 115 à 118.

Au Québec, l'aménagement du territoire est décentralisé et tout intervenant touristique qui veut réaliser un projet sur le territoire d'une municipalité régionale de comté doit évidemment tenir compte du schéma d'aménagement de la MRC ainsi que des plans d'urbanisme et des règlements adoptés par les municipalités locales concernées. Il peut fournir des renseignements sur son projet afin d'en insérer les grandes lignes lors de la révision du schéma d'aménagement ou du plan d'urbanisme.

Certains articles méritent une attention particulière. Ainsi, les articles 145.15 à 145.20 prévoient que le conseil d'une municipalité peut assujettir la demande d'un permis de construction ou de lotissement à l'approbation de plans relatifs à l'implantation et à l'architecture des constructions ou à l'aménagement des terrains qui y sont reliés... pour plus d'harmonie et une meilleure insertion dans le paysage ! Les articles 158 et 159 permettent au gouvernement du Québec de créer des zones d'intervention spéciale pour résoudre un problème d'aménagement ou d'environnement dont l'urgence ou la gravité justifie une intervention. Des exemples de tels problèmes ne sont plus énoncés dans la loi, à la suite des amendements qui y ont été apportés, mais on peut croire qu'une intervention spéciale pourrait être justifiée dans le but de protéger des sites menacés, représentant pour la collectivité une valeur particulière pour des raisons d'ordre historique, culturel, écologique, etc. Le ministre responsable de l'Environnement peut aussi demander à une municipalité de modifier son règlement de zonage, de lotissement ou de construction s'il n'accorde pas une protection adéquate des rives d'un littoral et des plaines inondables (articles 165.2 à 165.4). Enfin, ce qui peut avoir une incidence sur le plan récréotouristique, la loi contient des dispositions en vue de favoriser l'établissement, le maintien et l'amélioration de parcs et de terrains de jeux, de même que la préservation d'espaces naturels : ainsi, la délivrance d'un permis de construction pourrait être conditionnelle à la cession par un propriétaire, engagé dans une opération de redéploiement d'un immeuble, d'une superficie de terrain n'excédant pas dix pour cent du terrain compris dans le plan de parc ou au versement à la municipalité locale d'une somme n'excédant pas dix pour cent de la valeur inscrite au rôle d'évaluation (articles 117.1 à 117.16).

En conclusion, signalons qu'un avant-projet de loi, intitulé Loi sur l'aménagement durable du territoire et l'urbanisme, est actuellement en consultation à l'Assemblée nationale. Le nouveau texte confierait « aux communautés métropolitaines et aux municipalités régionales de comté la responsabilité d'un énoncé de vision stratégique du développement culturel, économique, environnemental et social de leur territoire. Il leur confie également la responsabilité, respectivement, du plan métropolitain d'aménagement et de développement et du schéma d'aménagement et de développement, prévoit une obligation de conformité et de concordance entre ces deux documents et met en place les mécanismes propres à cette fin. Il confie au gouvernement la responsabilité de déterminer les éléments de contenu de ces documents qui sont assujettis à une obligation de conformité aux orientations gouvernementales en matière d'aménagement du territoire et met en place les mécanismes propres à cette fin[5] ».

2. LA PROTECTION ET LA VALORISATION DE L'ENVIRONNEMENT NATUREL

Ce domaine a donné lieu à des interventions législatives aux niveaux fédéral et provincial de portée générale (la protection de l'environnement naturel au sens large et la lutte contre la pollution) ou plus limitée (la protection de la faune et de la flore, la constitution de parcs ou de réserves écologiques, etc.).

2.1. La qualité de l'environnement

Comme les autres provinces canadiennes, le Québec s'est doté d'une loi qui vise à protéger l'environnement. La Loi sur la qualité de l'environnement (*L.R.Q.*, c. Q-2) et quelques-uns de ses nombreux règlements imposent

5. Notes explicatives de l'avant-projet de loi édictant la Loi sur l'aménagement durable du territoire et l'urbanisme, p. 2. Pour consulter l'avant-projet de loi, rendez-vous au <http://www.assnat.qc.ca/fr/travaux-parlementaires/projets-loi/projets-loi-39-1.html>. Dernière consultation en date du 20 août 2011.

plusieurs contraintes et exigences au développeur touristique comme à toute personne physique ou morale visée par ses dispositions. Mais, à terme, le tourisme ne peut que sortir gagnant d'un environnement sain[6].

Bien que la loi soit générale, elle contient plusieurs articles qui s'attaquent plus particulièrement à la pollution industrielle. La loi est divisée en deux imposants chapitres: le premier (les articles 1 à 129.1) donne les définitions, affirme le droit à la qualité de l'environnement, précise les pouvoirs du ministre responsable[7] et ceux du Bureau d'audiences publiques sur l'environnement. La loi, modifiée plusieurs fois depuis son adoption, contient à ce chapitre de nombreuses obligations ainsi que des dispositions touchant à la procédure d'appel, aux dimensions financières et aux sanctions. Le second chapitre (les articles 131 à 213) comporte des dispositions plus spécifiques pour la région de la Baie-James et du Nord québécois. Nous y trouvons des articles relatifs au Comité consultatif pour l'environnement de la Baie James et à celui de Kativik ainsi que les procédures respectives d'évaluation et d'examen des impacts sur l'environnement et le milieu social.

Si l'on considère les obligations susceptibles de s'appliquer aux entreprises touristiques, certains articles sont plus pertinents que d'autres: les articles 20 à 31 concernant la protection de l'environnement en général, les articles 31.1 à 31.9 portant sur l'évaluation et l'examen des impacts de certains projets, les articles 32 à 46 ayant trait à la qualité de l'eau et à la gestion des eaux usées, les articles 47 à 53 visant l'assainissement de l'atmosphère et, enfin, les articles 83 à 87 concernant la salubrité des immeubles et des lieux publics.

Les projets doivent posséder une certaine ampleur pour être soumis à la procédure d'évaluation et d'examen des impacts prévue aux articles 31.1 à 31.9, 153 à 167 et 187 à 204. Ces dernières années, le législateur a souhaité donner des précisions en établissant deux listes rattachées aux projets visés par le second chapitre de la loi: l'annexe A de la loi dresse la liste des projets obligatoirement assujettis à la procédure d'évaluation et d'examen, dont «tout projet de création de parc ou de réserve écologique», «toute pourvoirie destinée à recevoir simultanément 30 personnes ou plus,

---

6. Le projet de loi n° 89, Loi modifiant la Loi sur la qualité de l'environnement afin d'en renforcer le respect, est à l'étude auprès de l'Assemblée nationale. Ainsi que son titre l'indique, son principal objectif est de renforcer le respect de la loi, «notamment par l'introduction de nouvelles sanctions administratives et le rehaussement des sanctions pénales». Notes explicatives de la Loi modifiant la Loi sur la qualité de l'environnement afin d'en renforcer le respect, p. 2, <http://www.assnat.qc.ca/fr/travaux-parlementaires/projets-loi/projets-loi-39-1.html>. Dernière consultation en date du 18 août 2011.
7. Suivant la définition du terme «ministre» énoncée à l'article premier de la loi, il s'agit du ministre du Développement durable, de l'Environnement et des Parcs.

y compris les réseaux d'avant-postes» ainsi que «toute installation portuaire, chemin de fer, aéroport, gazoduc ou tous travaux de dragage destinés à l'amélioration de la navigation»; l'annexe B prévoit la soustraction obligatoire à la procédure d'évaluation et d'examen d'un certain nombre de projets dont «tout hôtel ou motel de 20 lits ou moins et toute station-service le long de la route», «tout établissement scolaire ou éducatif, halte routière, belvédère routier, banque, caserne de pompiers ou immeuble destiné à des fins administratives, aux loisirs, aux activités culturelles, au culte, aux sports, à la santé, aux télécommunications», «toute installation temporaire destinée à la chasse, à la pêche ou au piégeage et tout service de pourvoirie ou campement destiné à loger moins de 30 personnes[8]».

Parmi les principaux règlements, mentionnons celui consacré à l'évaluation et à l'examen des impacts sur l'environnement (Q-2, r. 9), pour les projets concernés, celui sur la qualité de l'eau potable (Q-2, r. 40), celui sur la qualité de l'atmosphère (Q-2, r. 20) et, dans une perspective récréotouristique, le règlement sur la qualité de l'eau des piscines et autres bassins artificiels (Q-2, r.39) ou encore celui sur la circulation des véhicules motorisés dans certains milieux fragiles (Q-2, r. 22).

Le Parlement fédéral n'est pas en reste et il a adopté de son côté la Loi visant la prévention de la pollution et la protection de l'environnement et de la santé humaine en vue de contribuer au développement durable (*L.C.*, 1999, c. C-33). Sanctionnée le 14 septembre 1999 et communément appelée la Loi canadienne sur la protection de l'environnement (1999), cette loi a abrogé la Loi canadienne sur la protection de l'environnement (chapitre C-15.3 – *L.R.C.* (1985) c. 16, 4e supplément).

Le gouvernement fédéral considère qu'il est d'intérêt national de protéger l'environnement, que tous les gouvernements provinciaux disposent de pouvoirs en la matière et qu'il est à leur avantage mutuel de collaborer en ce domaine. Un comité consultatif national a pour mandat d'éviter les dédoublements avec les provinces[9] (article 6). Désireux d'intervenir sur le plan législatif parce qu'il doit donner suite à des accords internationaux, parce que le gouvernement fédéral et ses organismes peuvent par certaines actions être une source de pollution et que les

---

8. L'article 31.8.1, en vigueur depuis le 16 décembre 1999, habilite «le ministre de l'Environnement à conclure une entente avec toute autorité compétente afin de coordonner les procédures d'évaluation environnementale dans le cas où le projet doit se réaliser en partie à l'extérieur du Québec et est également soumis à une procédure d'évaluation environnementale». Notes explicatives de la Loi modifiant la Loi sur la qualité de l'environnement concernant la procédure d'évaluation et d'examen des impacts sur l'environnement de certains projets, *Gazette officielle du Québec*, 16 février 2000, 132e année, n° 7, p. 1094.
9. Selon la définition de la loi du terme «province», celui-ci renvoie également aux territoires (article 3).

problèmes peuvent toucher plusieurs provinces, le législateur fédéral précise néanmoins, dès les premiers articles de la loi, que les textes fédéraux seront complémentaires aux textes provinciaux « de façon à éviter le dédoublement et assurer une protection efficace et complète » (article 2 *m*). En outre, un accord peut être conclu avec un autre gouvernement ou un peuple autochtone relativement à l'application de la loi fédérale (articles 9 et 10).

La loi fédérale compte, sans les annexes, 356 articles qui sont regroupés en douze parties. Parmi les principaux points de la loi, on trouve la participation du public (partie 2), la collecte de l'information et l'établissement d'objectifs, de directives et de codes de pratiques en matière environnementale (partie 3), la prévention de la pollution (partie 4), les substances toxiques (partie 5), le contrôle de la pollution et des déchets (partie 7) et les questions d'ordre environnemental en cas d'urgence (partie 8).

Selon l'article 3 de la loi, la qualité de l'environnement vise, entre autres, la santé des écosystèmes. Les articles 17 à 21 décrivent le processus selon lequel tout particulier, de 18 ans ou plus et résidant au Canada, peut demander l'ouverture d'une enquête au sujet d'une infraction en vertu de la loi. Advenant que le ministre responsable ne procède pas à l'enquête ou ne prenne pas des mesures raisonnables à la suite de celle-ci, le plaignant peut intenter une action en protection de l'environnement (article 22).

2.2. La conservation et la valorisation des espaces naturels

La conservation et la valorisation des espaces naturels, de la faune et de la flore sont au cœur d'un dispositif législatif et réglementaire qui a permis au Québec et au Canada, dans son ensemble, de se doter de plusieurs territoires protégés et de réglementer leur fréquentation de même que la pratique de certaines activités de prélèvement (chasse, pêche, cueillette, etc.). Conservation, récréation, protection, mise en valeur, autant de termes qui balisent l'intervention gouvernementale. Dans une perspective de développement durable, des termes, en apparence contradictoires, sont réconciliés, ce qui n'empêche pas à l'occasion d'âpres débats entre les partisans de la conservation et ceux qui prônent une accessibilité des territoires pour fins de tourisme et de loisir. Quelques lois peuvent illustrer l'intervention législative en ce domaine.

Bien que les parcs nationaux (fédéraux) soient *stricto sensu* des « ouvrages et entreprises d'une nature locale », « entièrement situés dans une province[10] », ils furent déclarés par le Parlement fédéral à l'avantage général du Canada,

---

10. Loi constitutionnelle de 1867, article 92.10. Les parcs nationaux du Canada de la Mauricie, de Forillon et de l'Archipel-de-Mingan sont situés au Québec. Quant au Parc marin du Saguenay–Saint-Laurent, il est sous la responsabilité partagée des gouvernements fédéral et québécois.

à l'avantage des générations actuelles et futures. C'est donc en appliquant la théorie constitutionnelle de l'intérêt national que le Parlement du Canada a adopté la Loi sur les parcs nationaux (*L.R.C.*, c. N-14), qui fut abrogée en 2000 par une nouvelle loi: la Loi sur les parcs nationaux du Canada (*L.C.*, 2000, c. 32). Cette dernière concerne la création et l'administration de parcs «à l'intention du peuple canadien pour son agrément et l'enrichissement de ses connaissances» (article 4(1)). Même si les parcs sont accessibles aux visiteurs, «la préservation et le rétablissement de l'intégrité écologique par la protection des ressources naturelles et des processus écologiques» (article 8(2)) sont la première priorité, ce qui peut permettre au gouvernement, si besoin est, de constituer en réserve intégrale toute zone à l'état sauvage (article 14). Cette loi permet aussi au gouvernement de créer des lieux historiques nationaux du Canada (article 42). Enfin, le gouvernement peut adopter divers règlements relatifs à la préservation, à la surveillance et à l'administration des parcs, notamment en ce qui concerne la protection de la flore, de la faune... et même des ressources culturelles, historiques et archéologiques.

Le Québec s'est donné aussi un réseau de parcs nationaux sur une base juridique cohérente en vertu de la Loi sur les parcs (*L.R.Q.*, c. P-9). Les récents changements apportés à cette loi ont fait disparaître l'ancienne classification qui distinguait les parcs de conservation des parcs de récréation. Un parc selon l'article 1 *b*) est «un parc national dont l'objectif prioritaire est d'assurer la conservation et la protection permanente de territoires représentatifs des régions naturelles du Québec ou de sites naturels à caractère exceptionnel, notamment en raison de leur diversité biologique, tout en les rendant accessibles au public pour des fins d'éducation et de récréation extensive[11]». La création des parcs se fait généralement par voie réglementaire selon les dispositions générales de la loi, après la tenue d'audiences publiques (section II de la loi)[12]. Le gouvernement peut adopter des règlements en diverses matières, entre autres pour assurer la protection et la conservation du milieu naturel (article 9) et pour déterminer les conditions d'accès, de séjour, de circulation et de pratique des activités (article 9.1).

Depuis quelques années, le ministre, responsable en principe de la gestion des parcs, en confie l'exploitation à la Société des établissements de plein air du Québec (SÉPAQ)[13].

---

11. La récréation extensive est caractérisée par une faible densité d'utilisation du territoire et par des équipements peu élaborés.
12. Le parc marin du Saguenay–Saint-Laurent n'a pas été créé par voie réglementaire. La création et la gestion de ce parc découlent d'une entente fédérale-provinciale. Une loi fédérale a aussi été adoptée: Loi portant création du parc marin du Saguenay–Saint-Laurent (*L.C.*, 1997, c. 37).
13. La SÉPAQ a été instituée en vertu de la Loi sur la Société des établissements de plein air du Québec (*L.R.Q.*, c. S-13.01).

Une autre importante loi québécoise est la Loi sur la conservation et la mise en valeur de la faune (*L.R.Q.*, c. C-61.1). Comme son nom l'indique, cette dernière vise à protéger, conserver, mettre en valeur et gérer la faune. Elle donne des pouvoirs importants aux agents de conservation de la faune (articles 3 à 24.0.1) ; elle traite des conditions d'exploitation de la faune et plus particulièrement de la chasse, de la pêche et du piégeage (articles 25 à 84) ; elle régit les territoires structurés : terres domaniales, zones d'exploitation contrôlée, réserves, refuges et habitats fauniques (articles 85 à 128). On y trouve aussi des articles concernant la Fondation de la faune du Québec (articles 129 à 161), le pouvoir de réglementation du gouvernement (articles 162 à 164) ainsi que des dispositions pénales (articles 165 à 197).

Au chapitre 2 du présent ouvrage, nous avons vu que la Loi sur les établissements d'hébergement touristique s'appliquent aux pourvoiries, telles que définies à la Loi sur la conservation et la mise en valeur de la faune et du Règlement sur les pourvoyeurs de chasse, de pêche et de piégeage (C-61.1, r. 24). L'article 78.1 de cette loi définit la pourvoirie comme « une entreprise qui offre contre rémunération de l'hébergement et des services ou de l'équipement pour la pratique, à des fins récréatives, des activités de chasse, de pêche ou de piégeage ». Le détenteur de permis ne peut offrir de services reliés à l'exploitation de sa pourvoirie en dehors du territoire inscrit à son permis, à l'exception du service de transport (article 78.2). Pour le moment, en vertu de l'article 78.7, la Fédération des pourvoyeurs a obtenu une délégation de pouvoirs pour délivrer les permis et procéder à une classification obligatoire des établissements. La ministre du Tourisme déclarait récemment : « L'intégration de la classification des établissements d'hébergements des pourvoiries démontre l'importance de ce secteur sur le plan touristique. Cette modification nous permet d'appuyer les efforts d'amélioration de la qualité et la diversification de l'offre d'hébergement touristique au Québec[14]. »

Quant aux Z.E.C. (zones d'exploitation contrôlée), leur création appartient au gouvernement (article 104), mais, par protocole d'entente, la totalité ou une partie d'une zone d'exploitation contrôlée peut être confiée à un organisme (article 106). De nombreux règlements ont permis la création de Z.E.C. D'autres règlements concernent la création des réserves fauniques ou complètent l'une ou l'autre des dispositions de la loi.

D'autres lois québécoises assurent une protection partielle de l'environnement naturel. Parmi elles, la Loi sur les pesticides (*L.R.Q.*, c. P-9.3), la Loi sur la protection des arbres (*L.R.Q.*, c. P-37), la Loi sur les espèces

---

14. Communiqué de presse de Nicole Ménard, ministre du Tourisme, en date du 16 décembre 2010, <http://communiques.gouv.qc.ca/gouvqc/communiques/GPQF/Decembre2010/16/c5874.html>. Dernière consultation en date du 18 août 2011.

menacées et vulnérables (*L.R.Q.*, c. E-12.01). Mais, en 2002, le législateur québécois a complété le dispositif législatif en adoptant la Loi sur la conservation du patrimoine naturel (*L.R.Q.*, c. C-61.01). Cette loi « concourt à l'objectif de sauvegarder le caractère, la diversité et l'intégrité du patrimoine naturel du Québec par des mesures de protection de sa diversité biologique et des éléments des milieux naturels qui conditionnent la vie. Elle vise plus particulièrement à faciliter la mise en place d'un réseau d'aires protégées représentatives de la biodiversité en instaurant des mesures de protection des milieux naturels complémentaires aux autres moyens existants, dont les statuts de protection conférés à certaines aires sous la responsabilité d'autres ministères ou organismes gouvernementaux » (article 1).

Mentionnons en dernier lieu la Loi sur le développement durable (*L.R.Q.*, c. D-8.1.1). Celle-ci a pour objectif « d'instaurer un nouveau cadre de gestion au sein de l'Administration afin que l'exercice de ses pouvoirs et de ses responsabilités s'inscrive dans la recherche d'un développement durable » (article 1). Cette administration n'est autre que « le gouvernement, le Conseil exécutif, le Conseil du trésor, les ministères, de même que les organismes du gouvernement et les entreprises du gouvernement visés par la Loi sur le vérificateur général (chapitre V-5.01) » (article 3). L'Administration étant liée par les dispositions de cette loi, elle doit de ce fait veiller à leur respect dans ses relations avec les entreprises touristiques, ce qui conduit à une application indirecte de la loi à ces entreprises.

3. LA PROTECTION ET LA VALORISATION DU PATRIMOINE CULTUREL

La richesse du patrimoine culturel des populations d'accueil est sans contredit un élément attractif que recherchent les touristes, dont les actions peuvent, par contre, représenter une certaine menace à son endroit. Le droit québécois comprend quelques lois touchant à cette problématique.

3.1. La sauvegarde des biens culturels et des sites historiques

Outil de première importance, la Loi sur les biens culturels (*L.R.Q.*, c. B-4) protège les biens culturels dont la conservation présente un intérêt public et qui constituent un témoignage du passé de la société québécoise. L'article 1 *a*) définit largement un tel bien : « une œuvre d'art, un bien historique, un monument ou un site historique, un bien ou un site archéologique, une œuvre cinématographique, audio-visuelle, photographique, radiophonique ou télévisuelle ».

Dans le but de conserver un bien culturel, le ministre responsable peut le reconnaître ou le classer (en tout ou en partie) après avis de la Commission des biens culturels (articles 8, 15, 24). Pour classer ou reconnaître un bien, un avis d'intention doit être envoyé par le ministre au propriétaire du bien ou à celui qui en a la garde.

La procédure de classement accorde une protection plus grande que la procédure de reconnaissance: un bien culturel reconnu n'a pas d'aire de protection, tandis qu'un bien classé peut en recevoir une. Pour modifier de quelque façon un bien reconnu, il suffit d'envoyer un avis au ministre, tandis que pour modifier un bien classé il faut lui demander une autorisation. Sans l'autorisation du ministre, on ne peut sortir du territoire du Québec un bien reconnu ou classé, et il y a des exigences encore plus sévères en ce qui concerne l'aliénation d'un bien classé. Par ailleurs, tout bien culturel immobilier classé, qui n'est pas exploité à des fins commerciales, peut être exempté de la taxe foncière jusqu'à concurrence de la moitié de la valeur inscrite au rôle d'évaluation de la municipalité où il est situé (articles 15 à 34).

En vertu de cette loi, le gouvernement peut aussi créer par voie de règlement des arrondissements historiques (p. ex. le Vieux-Montréal), des arrondissements naturels (p. ex. l'île d'Orléans), des sites historiques classés et des aires de protection, chacun de ces emplacements bénéficiant d'une protection (articles 45 à 50).

Depuis 1985, la Loi sur les biens culturels accorde d'autres moyens de protection, car les procédures de reconnaissance et de classement sont assez longues et exigeantes. La loi permet à une municipalité de citer des monuments historiques sur son territoire ou d'y constituer un ou des sites du patrimoine. Un conseil municipal peut intervenir afin de conserver les caractéristiques architecturales d'un monument historique cité ou d'un immeuble situé dans un site du patrimoine ou de les protéger de la démolition. Par ailleurs, malgré la Loi sur l'interdiction des subventions municipales (*L.R.Q.*, c. I-5), une municipalité peut accorder une aide financière pour aider à conserver un monument historique ou un immeuble cité, reconnu ou classé (articles 59 à 102).

En dernier lieu, l'Assemblée nationale a adopté le 19 octobre 2011 la Loi sur le patrimoine culturel qui remplacera, dans un an, la Loi sur les biens culturels. Cette nouvelle loi vise « entre autres, à favoriser la connaissance, la protection, la mise en valeur et la transmission du patrimoine culturel, dans l'intérêt public et dans une perspective de développement durable[15] ». Plusieurs autres changements sont à souligner, parmi lesquels

15. Notes explicatives du projet de loi édictant la Loi sur le patrimoine culturel (projet de loi n° 82), p. 2, <http://www.assnat.qc.ca/fr/travaux-parlementaires/projets-loi/projets-loi-39-2.html#avant-projets-loi>. Dernière consultation en date du 18 août 2011.

la révision des mesures de protection, l'élargissement du « champ d'action des municipalités locales en matière d'identification et de protection du patrimoine culturel », l'adoption de nouvelles règles notamment en matière de conservation et d'aliénation des biens classés et l'élargissement des pouvoirs d'ordonnance de la Cour supérieure. De plus, cette nouvelle loi introduit le concept de « patrimoine culturel », défini comme suit : « englobant non seulement les documents, immeubles, objets et sites patrimoniaux, mais également les paysages culturels patrimoniaux, le patrimoine immatériel et les personnages, lieux et événements historiques[16] ».

Le fédéral intervient aussi en ce domaine. La Loi sur les parcs nationaux du Canada (déjà citée) prévoit la création de parcs historiques afin de commémorer un événement historique ou encore de conserver un objet représentant un intérêt historique, préhistorique ou scientifique d'importance nationale (article 42).

3.2. Le contrôle de l'exportation et de l'importation des biens culturels

Une autre loi fédérale majeure est la Loi concernant l'exportation de biens culturels et l'importation de biens culturels exportés illégalement (*L.R.C.*, c. C-51). Le titre de la loi en définit l'objet. Selon l'article 4, le gouvernement peut constituer une nomenclature des biens culturels dont l'exportation doit être contrôlée en vue de conserver au Canada le patrimoine canadien, c'est-à-dire, notamment, les objets présentant un intérêt archéologique, préhistorique, historique, artistique ou scientifique ; les objets fabriqués par les populations autochtones ; certains objets d'art décoratifs, vieux de plus de cent ans et au-dessus d'une certaine valeur (cinq cents ou deux mille dollars selon le cas) ; les livres, archives, documents, photographies, enregistrements sonores dont la valeur dépasse cinq cents dollars ; les dessins, gravures, estampes originales, aquarelles d'une valeur de plus de mille dollars ; tout autre objet dont la valeur marchande excède au Canada trois mille dollars. Sont exclus de la nomenclature les objets qui ont moins de cinquante ans ou dont l'auteur est vivant.

La loi permet la désignation d'agents chargés d'accorder des licences ainsi que des experts-vérificateurs qui évaluent l'appartenance à la nomenclature des biens qui font l'objet d'une demande de licence. Cette dernière sera refusée si, d'après l'évaluateur externe, le bien visé présente un intérêt exceptionnel et « revêt une importance nationale telle que sa perte appauvrirait gravement le patrimoine national » (article 11). Par

16. *Ibid.*

ailleurs, une commission d'examen est créée en vertu de la loi avec pour fonctions d'étudier en révision les demandes de licence et fixer un montant juste pour les offres d'achat comptant (articles 18 à 25).

Pourra aussi être considérée comme illégale en vertu de la loi canadienne l'importation au Canada de biens culturels étrangers si ces derniers font l'objet d'un accord bilatéral ou multilatéral entre le Canada et un autre État contractant.

Par voie de règlement, le gouvernement (l'exécutif) peut, entre autres, définir des catégories de biens culturels. Enfin, la loi prévoit des sanctions sévères (amendes ou emprisonnement) pour tout contrevenant.

4. L'ORDRE PUBLIC

La pratique du tourisme peut représenter une menace pour l'ordre public. Elle peut entraîner des troubles qui affectent la tranquillité publique, la sécurité et la sûreté des personnes et les bonnes mœurs. Les pratiques sportives nautiques ne sont pas sans danger pour les usagers et les riverains, de la même façon que la concentration des voitures et le comportement des automobilistes sur les routes, à certaines périodes de l'année, sont source d'accidents. La présence de bars et de restaurants dans les quartiers urbains, largement fréquentés par les touristes, menace la tranquillité publique à laquelle ont droit les résidants : tapage nocturne, prostitution, comportements jugés offensants. Les grands rassemblements de foules, lors des festivals ou spectacles musicaux, soulèvent des préoccupations en matière de sécurité, d'hygiène et de tranquillité.

Les divers ordres de gouvernement interviennent alors selon leurs champs de compétence. Ainsi, le gouvernement du Québec a compétence en matière de sécurité sur les routes de la province en vertu du Code de la sécurité routière (*L.R.Q.*, c. C-24.1)[17]. Le gouvernement fédéral intervient sur des questions d'ordre public par sa compétence générale en matière de droit criminel. Les municipalités ont adopté des règlements pour assurer la paix et l'ordre sur le territoire public.

Quelques dispositions du Code criminel et de règlements de la Ville de Montréal font l'objet d'une brève présentation dans la présente sous-section.

17. Une brève présentation du Code de la sécurité routière se trouve au chapitre 2.

4.1. Le Code criminel

Loi majeure du Parlement fédéral, le Code criminel ou la Loi concernant le droit criminel (*L.R.C.*, c. C-46) énumère un certain nombre d'infractions touchant à la paix et à l'ordre public et qui sont considérées comme des crimes. Contrairement à la réalité juridique aux États-Unis, le droit criminel est le même au Canada d'une province à l'autre, d'un océan à l'autre. Le Code criminel sanctionne sévèrement les atteintes à l'intégrité physique des personnes (voies de faits, meurtres, etc.) ainsi que les violations à la propriété physique (vol à l'étalage, vol par effraction, vol à main armée, etc.).

Il sanctionne les attroupements illégaux de trois individus ou plus qui peuvent faire craindre, pour des motifs raisonnables, à des personnes se trouvant dans le voisinage de l'attroupement qu'ils ne troublent la paix tumultueusement (article 63.1). Les actes indécents (actes jugés offensants, exhibitionnisme, nudité) sont punis par le Code criminel en vertu des articles 173 et 174. L'article 175 (1) est l'article clé concernant la paix publique :

> Est coupable d'une infraction punissable sur déclaration de culpabilité par procédure sommaire quiconque, selon le cas :
>
> *a*) n'étant pas dans une maison d'habitation, fait du tapage dans un endroit public ou près d'un tel endroit :
>
> *i.* soit en se battant, en criant, vociférant, jurant, chantant ou employant un langage insultant ou obscène,
>
> *ii.* soit en étant ivre,
>
> *iii.* soit en gênant ou molestant d'autres personnes ;
>
> *b*) ouvertement étale ou expose dans un endroit public des choses indécentes ;
>
> *c*) flâne dans un endroit public et, de quelque façon, gêne des personnes qui s'y trouvent ;
>
> *d*) trouble la paix et la tranquillité des occupants d'une maison d'habitation en déchargeant des armes à feu ou en causant un autre désordre dans un endroit public ou, n'étant pas un occupant d'une maison d'habitation comprise dans un certain bâtiment ou une certaine construction, trouble la paix et la tranquillité des occupants d'une maison d'habitation comprise dans le bâtiment ou la construction en déchargeant des armes à feu ou en causant un autre désordre dans toute partie d'un bâtiment ou d'une construction, à laquelle, au moment d'une telle conduite, les occupants de deux ou plusieurs maisons d'habitation comprises dans le bâtiment ou la construction ont accès de droit ou sur invitation expresse ou tacite.

L'article 177 sanctionne quiconque flâne ou rôde la nuit sur la propriété d'autrui sans excuse légitime. L'article 179 interdit l'acte de vagabondage, tandis que l'article 180 considère comme coupable d'un acte criminel quiconque, en commettant une nuisance publique, met en danger la vie, la sécurité ou la santé du public ou cause une lésion physique à quelqu'un.

4.2. De quelques règlements de la Ville de Montréal

Tant en vertu du Code municipal que de la Loi sur les cités et villes, les municipalités ont le pouvoir d'adopter des règlements visant à maintenir la paix et l'ordre sur le domaine public. La Charte de la Ville de Montréal et celle de Québec contiennent des pouvoirs similaires.

À titre d'exemple, la Ville de Montréal a adopté le Règlement concernant la paix et l'ordre sur le domaine public (*R.R.V.M.*, c. P-1). L'article premier « défend à toute personne de gêner ou d'entraver la circulation des piétons et des véhicules automobiles en se tenant immobile, en rôdant ou en flânant sur les voies et places publiques et en refusant, sans motif valable, de circuler à la demande d'un agent de la paix ». L'usage de patins, de skis ou d'une planche à roulettes sur le trottoir est interdit s'il nuit à la circulation des piétons (article 1.1). Une personne gisant ivre ou flânant ivre sur une voie ou place publique ou dans un autre endroit de la ville contrevient au règlement (article 2). La consommation de boissons alcooliques sur le domaine public est interdite en principe, sauf exceptions prévues à l'article 3 du règlement (cafés-terrasses, tables de pique-nique, à l'occasion de certaines fêtes ou manifestations). Les activités de musicien ambulant, de bateleur, de maquilleur artistique, entre autres, sont réglementées en vertu des articles 7, 7.1 et 7.2.

Un autre règlement, celui sur le bruit (*R.R.V.M.*, c. B-3), vise à interdire un niveau de bruit plus élevé que le niveau de pression acoustique maximum fixé par ordonnance. Le règlement concerne à la fois le bruit émis par un véhicule automobile (articles 3 à 7) et celui produit dans les lieux habités (articles 8 à 19)[18].

18. La réglementation municipale est partagée entre la Ville de Montréal et ses arrondissements depuis le 1er janvier 2002. Des règlements des anciennes municipalités sont en vigueur; d'autres ont été modifiés par une réglementation émanant de la nouvelle Ville de Montréal ou de ses arrondissements. La refonte éventuelle des règlements municipaux permettra d'y voir plus clair. Toutefois, en date du 7 juin 2011, la Ville de Montréal indiquait toujours sur son site Internet qu'il n'existait « actuellement aucun règlement refondu à jour à la Ville de Montréal », <http://ville.montreal.qc.ca/portal/page?_pageid=3619,4034044&_dad=portal&_schema=PORTAL>.

CHAPITRE 5

UNE « CODIFICATION » DES DROITS ET OBLIGATIONS SUR LE PLAN INTERNATIONAL

L'encadrement juridique actuel de l'activité touristique demeure parcellaire et fractionné dans la mesure où chacune des lois, ou chacun des règlements adoptés par les pays, ne vise qu'à cerner une partie de l'activité touristique ou un secteur d'intervention avec pour objectif soit la protection des consommateurs (les visiteurs), soit la protection ou la mise en valeur des communautés d'accueil (les visités) et d'une partie de leur patrimoine, ou encore une quelconque régulation du marché...

Mais quels sont plus globalement les droits et les obligations des visiteurs et des visités ainsi que ceux des différents intermédiaires et prestataires de services intervenant dans l'activité touristique ? Sur quels fondements ou bases juridiques repose l'activité touristique pleine et entière ?

Dans un État comme le Québec, une « codification » des droits et obligations, que l'on retrouve dans plusieurs actes législatifs et réglementaires concernant directement et indirectement l'activité touristique, permettrait peut-être de répondre au moins partiellement à ces questions[1]. Partiellement seulement, parce que l'activité touristique est plus étendue que la somme des actes posés pour la « vivre » pleinement et que l'exercice peut se buter à des problèmes méthodologiques tant les définitions peuvent être différentes d'une loi à l'autre, pour ne prendre que cet exemple.

Ne serait-ce pas reconnaître l'importance qu'a prise le tourisme ces dernières années et surtout l'unicité du phénomène que de tenter par une loi générale de préciser (pour chacun des États) les droits et obligations des différents acteurs ? Mais le recours au droit national seul constitue-t-il la meilleure des solutions ? N'est-il pas illusoire de croire que les États vont s'engager massivement dans cette voie ?

Le tourisme étant une activité de plus en plus internationale, c'est sur ce plan que la clarification des droits et des obligations doit s'effectuer. L'exercice est tout de même périlleux, car le niveau de développement des pays est variable et l'activité touristique repose sur des valeurs culturelles qui ne sont pas nécessairement partagées de la même façon par tous les pays.

Il n'empêche que l'Organisation mondiale du tourisme (OMT) s'est risquée à deux reprises à cet exercice dans les trente dernières années avec un succès tout relatif pour le moment. Une première fois en 1985, lorsque l'Assemblée générale de l'OMT a adopté, à Sofia (Bulgarie), la Charte du

---

1. Cet exercice de codification des lois et des règlements a été entrepris en France en 2004 pour la partie législative (Ordonnance n° 2004-1391 du 20 décembre 2004) et pour la partie réglementaire en 2006 (décrets n°s 2006-1228 et 2006-1229 du 6 octobre 2006). Le Code du tourisme, mis à jour régulièrement, intègre aussi les dispositions adoptées dans les lois et les règlements subséquents.

   La partie législative du Code du tourisme est organisée en quatre livres et compte plus de 250 articles. Le livre I retrace l'organisation générale du tourisme et notamment la répartition des compétences touristiques entre l'État, les collectivités territoriales et les établissements publics de coopération intercommunale. Le livre II régit les activités et les professions du tourisme. Le livre III est consacré aux hébergements, équipements et aménagements intéressant directement le secteur du tourisme. Le livre IV regroupe les dispositions intéressant le financement de l'accès aux vacances et la fiscalité du tourisme.

   Pour la partie réglementaire, comme pour la partie législative, on a tenu compte de la nécessité d'assurer l'harmonie et la hiérarchie du droit et d'abroger les dispositions obsolètes. Le plan est ordonné selon les quatre livres de la partie législative et comprend plus de 500 articles : le livre I est relatif à l'organisation générale du tourisme, le livre II concerne les activités et professions du tourisme, le livre III est relatif aux équipements et aménagements, tandis que le livre IV porte sur le financement de l'accès aux vacances et sur la fiscalité du tourisme.

tourisme et le Code du touriste; une deuxième fois, plus récemment, à l'automne 1999, par l'adoption par la même assemblée, réunie cette fois à Santiago (Chili), du Code mondial d'éthique du tourisme.

1. LA CHARTE DU TOURISME ET LE CODE DU TOURISTE

Le titre est trompeur, car il s'agit bel et bien d'un seul et même texte composé d'un préambule et de quatorze articles: les huit premiers articles constituent à proprement parler la Charte du tourisme et précisent les obligations des États afin de promouvoir un développement harmonieux des activités touristiques, ainsi que les droits des touristes qui en découlent d'une certaine façon; sont également affirmés dans ces articles les droits et obligations des communautés d'accueil et des professionnels et gestionnaires de services touristiques. Les cinq derniers articles sont coiffés du titre de «Code du touriste» et édictent encore plus clairement que précédemment les règles de bonne conduite du touriste dans les pays visités et réaffirment les droits qui sont consentis à ce dernier.

1.1. Les fondements

Le préambule est constitué de quelques rappels et considérants: on y trouve les fondements sur lesquels s'appuient la Charte et le Code. Plus précisément, la Charte du tourisme et le Code du touriste reposent sur l'article 3 des Statuts de l'Organisation des Nations Unies (ONU) qui prône l'expansion économique, la compréhension internationale, la paix, la prospérité et l'observation de libertés fondamentales et sans discrimination. Ils reposent également sur l'article 24 de la Déclaration universelle des droits de l'homme et sur les articles du Pacte relatif aux droits économiques, sociaux et culturels, adoptés par l'ONU, reconnaissant à toute personne le droit au repos et aux loisirs et invitant les États à limiter la durée du travail et à obliger l'octroi de congés payés.

Tout en évoquant la résolution et les recommandations adoptées par la Conférence de l'ONU sur le tourisme et les voyages internationaux et les principes énoncés dans la Déclaration de Manille sur le tourisme mondial adoptée par l'OMT en 1980, le préambule insiste particulièrement sur les valeurs du tourisme, sa dimension humaine, son potentiel de développement dans les divers pays, sa contribution à la paix mondiale, et rappelle les exigences au regard de la protection et de la mise en valeur des ressources.

En réaffirmant le droit au repos et aux loisirs comme conséquence naturelle du droit au travail, le préambule met en avant le droit de l'utiliser pour voyager librement dans le pays de résidence comme à l'étranger.

Il se termine en invitant les États à s'inspirer des énoncés de la Charte du tourisme et du Code du touriste et à les appliquer, selon des modalités qui leur sont propres, dans leur législation et leur réglementation respectives.

1.2. Les droits et les obligations

Le texte est désordonné et quelque peu répétitif dans la mesure où les droits des uns constituent les obligations des autres. On y retrouve de façon schématique, sous réserve de ce que prévoient les lois :

1.2.1. Les « droits » des touristes

- Bien sûr, le droit au repos, aux loisirs, aux congés payés, à la limitation raisonnable du temps de travail.
- Le droit de se déplacer librement et sans restriction.
- La participation de tous au tourisme national et international avec une attention particulière aux jeunes, aux personnes âgées et aux handicapés.
- L'accès au patrimoine des communautés d'accueil et aux communautés elles-mêmes.
- La sécurité pour eux-mêmes comme pour leurs biens.
- Les conditions, les meilleures possible, d'hygiène et d'accès aux services de santé ainsi qu'aux mesures de prévention.
- L'accès à une information objective sur les communautés d'accueil et leurs richesses ainsi qu'un accès aux communications publiques intérieures comme extérieures.
- Un service prompt et rapide aux services administratifs et judiciaires, y compris les représentations consulaires.
- La pratique de leur propre religion et les facilités à cet effet.
- La protection de leurs droits comme consommateurs.
- Les meilleures conditions d'hospitalité et de courtoisie et les meilleures conditions de transport et de séjour offertes par les gestionnaires de services touristiques.

Ces droits découlent principalement des articles I, III, IV, V, VII, XII et XIII.

1.2.2. Les « droits » des visités

- Le droit au libre accès à leurs propres ressources touristiques.
- Le droit au respect et à la compréhension par les touristes de leurs coutumes, de leur religion et des diverses formes de leurs cultures, incluant le patrimoine naturel et culturel.

Ces droits, moins nombreux que ceux consentis aux touristes, sont formulés de façon plus générale et découlent des articles VI et XI.

1.2.3. Les obligations des visiteurs et des visités

Si la majeure partie des obligations des visiteurs est la contrepartie des « droits » consentis aux visités et vice-versa, les touristes ont néanmoins trois obligations supplémentaires énoncées à l'article XI :

- Éviter, par leurs comportements, d'accentuer les différences économiques, sociales et culturelles entre eux et la population locale.
- S'abstenir de toute exploitation de la prostitution d'autrui.
- S'abstenir de se livrer au trafic des stupéfiants et drogues, de les transporter ou de les utiliser.

1.2.4. Les droits et obligations des professionnels et gestionnaires des services touristiques

La Charte leur reconnaît quelques « droits » à l'article VIII :

- Exercer leurs activités dans des conditions favorables, sans obstacle particulier et sans discrimination.
- Bénéficier d'une formation générale et technique à l'intérieur du pays comme à l'étranger.
- Pouvoir coopérer entre eux et avec les pouvoirs publics à l'amélioration de leurs activités et prestations.

En contrepartie, les professionnels et gestionnaires doivent apporter tout leur concours au développement du tourisme dans le respect des dispositions de la Charte et notamment « s'abstenir de tout encouragement à l'utilisation du tourisme aux fins de l'exploitation d'autrui sous toutes les formes » (article IX).

1.2.5. Les responsabilités des États

Enfin, quelques articles s'adressent plus particulièrement aux États, qui sont invités à mettre en œuvre les politiques appropriées afin de promouvoir un développement harmonieux des activités pour le bénéfice de tous. Selon l'article III, les États ont notamment les obligations suivantes:

- Favoriser la croissance ordonnée et harmonieuse de l'activité touristique.
- Intégrer leur politique touristique à leur politique de développement.
- Encourager l'adoption de mesures permettant la participation de tous au tourisme, notamment par l'aménagement approprié des temps de travail et de loisir.
- Protéger l'environnement touristique (sur les plans culturel, humain, social et naturel).

Les articles IV et V invitent les États à prendre les moyens requis pour que soient respectés les «droits» des touristes et des communautés d'accueil évoqués plus haut.

1.3. Les limites de la Charte et du Code

Bien qu'approuvé par les représentants officiels des États membres de l'OMT, le texte ne constitue pas, malgré les apparences, une véritable convention internationale, source de droit international. On n'y retrouve aucun mécanisme de ratification par les États, aucune exigence quant à sa mise en œuvre et aucun mécanisme de sanction. Seuls quelques droits sont affirmés comme tels (le droit au repos et aux loisirs, le droit de se déplacer librement, le droit au libre accès par les communautés d'accueil à leurs propres ressources touristiques, le droit à la compréhension et au respect des valeurs culturelles des communautés par les touristes, les droits comme consommateurs, etc.). Les autres droits sont induits de formulations toutes empreintes de nuances (les touristes «devraient pouvoir bénéficier», les gestionnaires «devraient être encouragés à», «il convient d'encourager»). Même le droit de se déplacer librement à l'intérieur et à l'extérieur du pays, proclamé comme tel, est tout de suite amoindri par les expressions «sous réserve de ce que prévoient les lois» ou encore «sous réserve des réglementations et des limitations en vigueur».

Ce texte adopté avant la chute du mur de Berlin est le fruit d'un compromis entre des pays dotés de régimes politiques différents et jouissant de niveaux de développement tout aussi diversifiés. Le style employé, les réserves que l'on décèle au détour de plusieurs articles s'expliquent par ce contexte. Néanmoins, malgré leurs limites, la Charte du tourisme et le Code du touriste constituent l'embryon de ce que pourrait être une véritable convention internationale et un document de référence pour les États désireux de mettre en œuvre les politiques et mesures législatives et réglementaires pour un développement harmonieux du tourisme.

Le caractère strictement « pédagogique » du texte saute aux yeux... et on est encore loin de la règle de droit, même si, à l'article XIII, on reconnaît à toute personne le « droit de faire connaître ses besoins auprès des législateurs et des pouvoirs publics en vue de pouvoir exercer son droit au repos et aux loisirs... ».

2. LE CODE MONDIAL D'ÉTHIQUE DU TOURISME

Le Code mondial d'éthique est une autre tentative de l'Organisation mondiale du tourisme pour mettre en avant un certain nombre de « principes interdépendants [...] sur lesquels les acteurs du développement touristique devraient régler leur conduite à l'aube du XXIe siècle » (préambule du Code). Comme pour le texte précédent, le Code mondial d'éthique est composé d'un préambule constitué de rappels et de considérants qui précisent les fondements sur lesquels s'appuie le Code. Il est suivi de neuf articles qui établissent les règles de conduite et d'un dixième qui formule une invitation générale aux États afin que ces derniers les mettent en œuvre dans leur propre législation et aux autres acteurs pour qu'ils règlent leur conduite sur les principes du Code. Le dixième article contient également le principe de la création d'un comité mondial d'éthique à qui l'on pourrait soumettre les litiges d'interprétation et d'application du Code.

À l'origine, le projet de Code comprenait une quinzaine d'articles supplémentaires qui prévoyaient les modalités de création, la composition et les règles de fonctionnement du Comité ainsi qu'un mécanisme de conciliation pour régler les litiges découlant de l'application et de l'interprétation du Code. Seuls le principe et le mandat général du Comité ont été acceptés lors de l'Assemblée générale de l'OMT de l'automne 1999. Plusieurs pays ont manifesté des réserves sur la composition, le fonctionnement, les mandats spécifiques ou même le mécanisme de conciliation, de telle sorte que l'Assemblée générale de l'OMT n'a accepté que les principes de base et a préféré réunir les articles contestés dans une annexe au Code. Ce point est crucial, car il touche toute la question de la mise en œuvre des grands principes. L'annexe, connue sous le nom de « Protocole de mise en œuvre du Code mondial d'éthique du tourisme », a fait l'objet de discussions ultérieures et son adoption par l'Assemblée générale n'a eu lieu qu'en 2001 dans une version simplifiée par rapport au projet initial.

La composition du Comité mondial d'éthique, qui a son siège social en Italie, a été arrêtée lors de l'Assemblée générale de 2003 : six personnes appartiennent aux membres réguliers gouvernementaux, une personne fait partie des membres associés et quatre sont choisies parmi les membres affiliés (secteur professionnel, éducation, organismes non gouvernementaux, etc.). Sont nommés également des suppléants pour chaque membre régulier du Comité. Les membres sont choisis pour leurs qualités personnelles et ne sont pas comme tels des représentants de leur organisation. Les procédures concrètes pour soumettre sur une base volontaire un litige au Comité furent ratifiées par l'Assemblée générale des membres à l'automne 2005. À la fin de 2010, le Comité mondial d'éthique avait tenu neuf réunions.

2.1. Les fondements

Le préambule reprend à son compte les documents et les fondements sur lesquels s'appuyait déjà la Charte du tourisme (Statuts de l'ONU, Déclaration universelle des droits de l'homme, Déclaration de Manille sur le tourisme mondial, etc.). Il renvoie de façon explicite à la Convention de Varsovie (1929) ainsi qu'à celle de Chicago (1944) et aux documents complémentaires à cette dernière en matière de transport aérien. Il renvoie aussi à la Convention sur les facilités douanières pour le tourisme du 4 juillet 1954 et à ses annexes. Mais surtout – et c'est là le changement majeur – il s'appuie sur de nouveaux textes internationaux adoptés ces dernières années et élargissant, de ce fait, la perspective générale. Dans un contexte de libéralisation des marchés, d'ouverture des frontières avec la chute du mur de Berlin et les bouleversements survenus en Europe de l'Est, le Code insiste moins sur la question de la liberté de déplacement, toujours nécessaire mais de plus en plus acquise, que sur celle portant sur la protection de l'environnement et le développement durable. En ce sens, il s'inscrit dans la logique de la Déclaration de Rio de Janeiro sur l'environnement et le développement du 13 juin 1992 et de la Convention sur la biodiversité du 6 juin 1995. Il affirme aussi que la poursuite d'un développement touristique « responsable et durable » n'est nullement incompatible avec la libéralisation des règles de commerce, notamment celles de l'Accord général sur le commerce des services du 15 avril 1994, et avec une volonté nouvelle de promouvoir un véritable partenariat entre les acteurs publics et privés.

Sur un autre plan, le Code s'appuie aussi sur des résolutions et déclarations internationales visant à lutter contre le tourisme sexuel (Résolution de l'OMT du 22 octobre 1995, Déclaration de Stockholm du 28 août 1996 contre l'exploitation sexuelle des enfants à des fins commerciales). Il renvoie aussi à la Convention relative aux droits de l'enfant du 26 juin 1990 et aux nombreuses conventions et résolutions adoptées par l'Organisation mondiale du travail, dont celles touchant au travail des enfants, à la défense des droits des peuples autochtones et à la non-discrimination dans le travail.

Enfin, le Code mondial d'éthique n'abroge pas la Charte du tourisme et le Code du touriste, mais vise à les compléter – comme il veut aussi compléter la Déclaration de Manille de 1997 sur l'impact du tourisme sur la société – par un ensemble de principes interdépendants et une nouvelle formulation des droits et des devoirs de chacun.

2.2. Les droits et les obligations

Le préambule du Code l'affirme sans ambages : il s'agit bien d'une formulation des droits et des devoirs de chacun des acteurs du développement touristique. Mais, contrairement à la Charte du tourisme et au Code du touriste, ils ne sont pas présentés au regard de chacun des acteurs, mais selon neuf thèmes :

- La contribution du tourisme à la compréhension et au respect mutuel entre hommes et sociétés (article 1).
- Le tourisme, vecteur d'épanouissement individuel et collectif (article 2).
- Le tourisme, facteur de développement durable (article 3).
- Le tourisme, utilisateur du patrimoine culturel de l'humanité et contribuant à son enrichissement (article 4).
- Le tourisme, activité bénéfique pour les pays et communautés d'accueil (article 5).
- Les obligations des acteurs du développement touristique (article 6).
- Le droit au tourisme (article 7).
- La liberté des déplacements touristiques (article 8).
- Les droits des travailleurs et des entrepreneurs de l'industrie touristique (article 9).

2.2.1. La compréhension et le respect mutuel par le tourisme

Ce thème n'est pas nouveau. Il a été largement traité dans la Charte du tourisme. Un ajout cependant : la référence explicite aux minorités et aux populations autochtones. Au nécessaire respect des spécificités et traditions culturelles des communautés d'accueil par les touristes, s'ajoute l'obligation qu'ont les communautés et les professionnels locaux du tourisme d'« apprendre à connaître et à respecter les touristes qui les visitent » (article 1.3). Les autorités publiques ont la responsabilité d'assurer par divers moyens la protection des touristes et leurs biens et de lutter contre les actes menant à la détérioration du patrimoine conformément à leur législation nationale. L'article 1 contient une condamnation générale de tout acte, de la part des touristes, qui pourrait offenser les gens et plus spécifiquement le trafic des drogues, des armes, des antiquités, des espèces protégées et des autres produits prohibés par les réglementations nationales. Si le touriste mérite protection, il a quand même la responsabilité de s'informer et il doit être conscient des risques qu'il court lorsqu'il voyage.

2.2.2. L'épanouissement individuel et collectif

Vecteur de l'épanouissement individuel et collectif, facteur d'autoéducation personnelle, le tourisme doit tendre à promouvoir les droits de l'homme avec une attention particulière accordée aux enfants, aux personnes âgées, aux personnes handicapées, aux minorités ethniques et aux autochtones. L'exploitation d'autrui sous toutes ses formes, et notamment au regard du sexe, est présentée non comme une déviation du tourisme, mais comme «la négation de celui-ci» (article 2.3). Elle «doit être rigoureusement prohibée et sanctionnée sans concession par les législations nationales tant des pays visités que de ceux des auteurs de ces actes, quand bien même ces derniers sont accomplis à l'étranger» (article 2.3). Sur ce dernier point, le Code va beaucoup plus loin que la Charte du tourisme. On trouve aussi à l'article 2 une invitation à introduire dans les programmes d'éducation un enseignement sur les bénéfices comme sur les risques du tourisme. Les déplacements pour motifs de religion, de santé, d'éducation et d'échanges culturels sont encouragés.

2.2.3. Le développement durable

Ce thème tient compte de la réflexion internationale des dernières années sur l'indispensable sauvegarde de l'environnement naturel dans la perspective d'un développement continu et durable. Le Code d'éthique énumère les obligations concernant le tourisme: économie d'énergie, réduction de la production des déchets, étalement dans le temps et dans l'espace des flux touristiques, protection des écosystèmes et de la biodiversité. Les professionnels du tourisme doivent accepter des limitations à leur intervention quand les espaces sont particulièrement sensibles. Sont valorisés le tourisme de nature et l'écotourisme «dès lors qu'ils s'inscrivent dans le respect des milieux naturels et de la capacité des sites visités» (article 3.5).

2.2.4. L'enrichissement du patrimoine culturel de l'humanité

Le thème n'est pas nouveau en soi, mais fait l'objet d'un traitement particulier dans un souci d'équilibre avec ce qui est affirmé sur le plan de la protection de l'environnement naturel. Le Code d'éthique préconise des actions de protection et de valorisation des diverses composantes du patrimoine culturel tout en favorisant l'accès au public et édicte que les ressources tirées de la fréquentation des sites et monuments culturels doivent être utilisées au moins partiellement pour l'entretien et l'embellissement de ce patrimoine. L'activité touristique doit contribuer à l'épanouissement des productions traditionnelles et « non à provoquer leur standardisation et leur appauvrissement » (article 4.5).

2.2.5. Les bénéfices pour les pays et communautés d'accueil

À peine effleuré dans la Charte du tourisme, le développement socioéconomique des communautés locales est largement traité à l'article 5 du Code d'éthique : les populations locales doivent être associées aux activités touristiques (bénéfices économiques générés, emplois directs et indirects créés). Le Code d'éthique privilégie la « meilleure intégration possible dans le tissu économique et social local » (article 5.2) des stations et hébergements touristiques. Une attention particulière doit être accordée aux problèmes des pays et territoires insulaires et des zones rurales fragiles. Les professionnels doivent effectuer des études d'impact dans le cadre des réglementations établies et fournir aux populations locales toute l'information nécessaire et complète « avec la plus grande transparence et l'objectivité requise » (article 5.4).

2.2.6. Les obligations des acteurs du développement touristique

L'article 6 fait principalement état des obligations des professionnels du tourisme et des autorités publiques afin que les droits des touristes comme consommateurs soient respectés. Il reprend les dispositions de la Charte du tourisme et du Code du touriste concernant les mesures de sécurité et d'hygiène à mettre en place. Cependant, le Code d'éthique est beaucoup plus explicite que la Charte sur les droits du consommateur-client, principalement en matière d'informations à fournir et de clauses à introduire dans les contrats (nature, qualité, prix des prestations, contreparties financières en cas de rupture de contrat). Les professionnels doivent rendre des comptes et « verser une indemnisation équitable en cas de non-respect de leurs obligations contractuelles » (article 6.2). Ils doivent se préoccuper d'accorder aux touristes le temps et des moyens pour leur permettre d'exercer leur culte religieux. Les autorités publiques doivent veiller à la mise en place des mesures de rapatriement des touristes lorsque cela est exigé par les circonstances et fournir toute l'information nécessaire aux touristes en cas de danger, proportionnellement à la gravité de la situation en tenant compte des intérêts des professionnels du tourisme. Enfin, la presse est interpellée dans son devoir de fournir une information précise et fiable ; cette responsabilité des médias touche les nouvelles technologies de l'information et de commerce électronique qui ne doivent pas « favoriser le tourisme sexuel » (article 6.6).

2.2.7. Le droit au tourisme

Le droit au tourisme pour tous est présenté comme le corollaire du droit au repos et aux loisirs, ce dernier ayant été mis en évidence dans la Charte du tourisme conformément à l'article 24 de la Déclaration universelle des droits de l'homme et à l'article 7 du Pacte international relatif aux droits économiques, sociaux et culturels. Une nouveauté par rapport à la Charte du tourisme est la référence explicite au tourisme social, notamment associatif, qui permet l'accès au plus grand nombre aux loisirs et aux vacances. Ce tourisme doit être encouragé et développé. On doit aussi faciliter le tourisme des familles, des jeunes, des étudiants, des personnes âgées et des personnes handicapées.

2.2.8. La liberté des déplacements touristiques

Cette liberté concerne autant les touristes que les travailleurs du secteur, salariés ou non: «ils doivent pouvoir accéder aux zones de transit et de séjour ainsi qu'aux sites touristiques et culturels sans formalité exagérée ni discrimination» (article 8.1). Les procédures administratives de passage des frontières doivent être adaptées pour une plus grande liberté des voyages. Le Code d'éthique reprend des droits affirmés dans la Charte du tourisme: droit aux moyens de communication, droit d'accès aux services administratifs, judiciaires et de santé locaux, droit d'accès aux autorités consulaires du pays dont ils sont ressortissants. «Les impôts et charges spécifiques pénalisant l'industrie et portant atteinte à sa compétitivité doivent être progressivement éliminés ou corrigés» (article 6.4). Un droit nouveau: le droit à la confidentialité des données recueillies sur le touriste, au même titre que sont protégées les données de tout citoyen du pays visité.

2.2.9. Les droits des travailleurs et des entreprises de l'industrie touristique

Là aussi, il s'agit d'une préoccupation relativement nouvelle par rapport à la Charte, du moins sous l'angle des travailleurs. Sont affirmés, mais non explicités, les droits fondamentaux des travailleurs salariés et indépendants de l'industrie touristique et des activités qui lui sont connexes. Selon le Code, on doit tenir compte dans la protection sociale des travailleurs des contraintes spécifiques de leur travail, notamment le caractère saisonnier. Le Code demande même qu'un statut particulier soit proposé aux travailleurs saisonniers. La précarité de l'emploi doit être réduite dans la mesure du possible.

Si toute personne physique et morale a le droit de développer une activité professionnelle dans le domaine du tourisme, elle doit le faire dans le cadre des législations nationales en vigueur, qui devraient comprendre un minimum de restrictions légales ou administratives. On retrouve ici une préoccupation d'allégement réglementaire qui n'interdit pas cependant l'imposition par les États d'un permis d'exploitation dans le but de protéger le consommateur. Les travailleurs ont le droit et le devoir d'acquérir une formation adaptée, initiale et continue. Les échanges d'expériences offertes aux cadres et aux travailleurs de pays différents doivent être encouragés. Le Code précise enfin que les entreprises multinationales ne doivent pas abuser de leur position dominante en échange de la liberté d'investir et d'opérer commercialement; elles doivent s'impliquer dans le développement local « en évitant le rapatriement excessif de leurs bénéfices » (article 9.5).

2.3. Portée et limites du Code mondial d'éthique

Le Code embrasse large et tente de cerner, par la formulation de règles de conduite équilibrées, les diverses dimensions du phénomène touristique. Il survient dans un contexte de libéralisation des marchés et d'assouplissement des réglementations nationales dont il essaie de tenir compte, notamment à l'article 9. Néanmoins, fondamentalement, contrairement à la pensée néolibérale dominante, il traduit une approche humaniste et normative du tourisme par ses références aux valeurs culturelles, au nécessaire développement durable et local, au droit au tourisme pour tous, à la protection de l'environnement, aux droits des travailleurs, etc.

Certes, le Code mondial d'éthique est justement un code d'éthique et non de droit. Il n'est pas juridiquement contraignant. Il propose, lui aussi, une démarche volontaire: les acteurs touristiques sont invités à s'inspirer des principes de ce code dans leurs comportements, les États à intégrer les règles de conduite dans leurs législations nationales, mais sans obligation de leur part. Le Code s'inscrit plutôt dans le prolongement des actions amorcées dans plusieurs pays qui cherchent à se doter de programmes de qualité, librement acceptés par l'industrie touristique avec l'appui des gouvernements. D'ailleurs, les travaux préparatoires du Code furent placés en marge des activités du comité d'appui à la qualité de l'OMT.

Le Code mondial d'éthique va plus loin que la Charte du tourisme et le Code du touriste. Les droits et les devoirs y sont formulés de façon généralement plus détaillée. On y retrouve des condamnations claires et explicites (exploitation d'autrui, tourisme sexuel, trafics de toutes sortes, destruction du patrimoine naturel et culturel, etc.). Malgré un style encore tout en nuances, le Code d'éthique a plus de mordant que le texte précédent de l'OMT.

L'enjeu réside toujours dans son application. Sera-t-il perçu comme un nouveau document à caractère pédagogique? comme une succession de vœux pieux? Sera-t-il réellement appliqué? Engagera-t-il à terme la communauté internationale du tourisme? Le Comité d'éthique aura-t-il l'autorité morale suffisante pour émettre des directives qui seront réellement suivies ou pour régler des litiges que les acteurs voudront bien lui soumettre ? Cette étape est essentielle si l'on veut arriver plus tard à un vrai traité international, source de droit international.

2.4. Un défi pour le Québec

Le présent ouvrage a fait état, dans les chapitres précédents, d'un ensemble de lois et règlements en vigueur au Québec et visant à assurer la protection du consommateur touristique, à protéger et à valoriser l'environnement naturel et le patrimoine culturel et à permettre un fonctionnement équitable du marché. Peut-on affirmer alors que, comme société développée, le Québec n'a rien à retirer du Code mondial d'éthique ? Bien sûr, en principe, un certain nombre de droits sont depuis longtemps acquis (droit au déplacement, droit au repos et au loisir, droits du consommateur, droits des travailleurs, etc.) ; certes, la législation québécoise fournit une protection de base des biens culturels et de l'environnement naturel et contient un certain nombre de principes bien établis quant à l'aménagement du territoire.

Le Code mondial d'éthique présente néanmoins de réels défis et enjeux à relever tant par l'État que par les acteurs touristiques privés du Québec. Des efforts restent à faire dans la mise en pratique des principes du développement durable et dans la protection des écosystèmes et de la biodiversité. La protection et la valorisation du patrimoine culturel cèdent souvent le pas aux intérêts mercantiles des développeurs. Dans quelle mesure les populations locales ont-elles été réellement associées à un projet d'envergure comme celui de la station touristique Mont-Tremblant ? Les populations ont-elles toujours obtenu une information complète et transparente ? La Loi sur les agents de voyages n'est pas très explicite sur les clauses contractuelles et ne contient pas l'obligation d'une indemnisation équitable en cas de rupture contractuelle. C'est le Code civil du Québec qui y pourvoit partiellement par des articles généraux concernant la responsabilité contractuelle. Plus de 50 % de la population québécoise ne peut partir en vacances sur une base annuelle : peut-on prétendre que la société québécoise a tout fait pour que le droit au tourisme soit une réalité ? Met-elle tous les efforts pour accroître l'accessibilité du tourisme aux familles, aux jeunes, aux personnes âgées, aux personnes handicapées ? Si, en général, les droits des travailleurs sont reconnus, les travailleurs saisonniers du tourisme n'ont toujours pas de statut particulier et il reste beaucoup à faire pour réduire la précarité de l'emploi. Dans quelle mesure les multinationales du tourisme présentes au Québec réinvestissent-elles une partie de leurs bénéfices dans le développement local ?

Ce ne sont que quelques exemples des questions et défis soulevés par le Code mondial d'éthique pour une société comme le Québec. Une partie des réponses et des solutions relève de l'État par l'élaboration de règles de droit plus strictes, une autre partie dépend du comportement concret des acteurs touristiques. Plusieurs de ces acteurs sont engagés dans la mise en œuvre de programmes de qualité. Les exigences du Code d'éthique ont pour effet de fixer la barre très haut, car elles vont plus loin que la simple recherche de qualité dans les services à la clientèle. Le Code interpelle l'ensemble des acteurs du tourisme, y compris le touriste, et les invite à considérer les valeurs essentielles du tourisme et à travailler à leurs applications sur le terrain pour que le tourisme soit réellement un facteur d'enrichissement et d'épanouissement pour tous.

CONCLUSION

Les éléments du droit du tourisme présentés plus haut ne prétendent évidemment pas à l'exhaustivité : ils sont néanmoins significatifs.

Après avoir abordé les fondements de l'intervention législative et réglementaire dans le domaine du tourisme et après avoir soulevé l'épineuse question de la déréglementation, nous avons exposé, par quelques lois et règlements, l'encadrement de nature pénale de l'activité touristique dans une perspective de protection du consommateur. Par la suite, nous avons tenté de comprendre quelques aspects particuliers de la responsabilité civile à l'égard du consommateur. Sur ce plan, surtout dans les causes impliquant les agents de voyages et leurs clients, la jurisprudence a connu une réelle évolution et reconnaît comme responsable l'agent de voyages, simple intermédiaire, tenu d'une obligation de résultat dans la majorité des cas. Elle s'appuie dorénavant sur la Loi sur la protection du consommateur et sur le Code civil du Québec.

Le tourisme met en scène les visités, les populations d'accueil, leurs territoires comme leurs ressources naturelles et culturelles : là aussi, un certain nombre de lois et de règlements, qui ne concernent le tourisme qu'indirectement, contribuent à leur protection et à leur mise en valeur.

De nombreux pays ont adopté des lois et des règlements similaires à ceux du Québec, mais avec des variantes qui leur sont propres. Quelques conventions internationales ont jeté des balises pour uniformiser le droit dans certains secteurs comme celui du transport aérien, et une réflexion menée au sein de l'Organisation mondiale du tourisme cherche à « codifier » les droits et obligations des acteurs du tourisme et à influencer le contenu des législations nationales.

Ce court périple dans les lois et les règlements nous conduit à quelques remarques en guise de conclusion générale :

- Le droit du tourisme n'est pas immuable, comme l'ensemble du droit d'ailleurs : les règles de droit constituent la « cristallisation » d'un rapport de forces à un moment donné de la vie d'une société humaine. Selon les force en présence, la volonté des acteurs politiques, le degré de maturité et de conscience du secteur industriel ou, encore, selon l'évolution des technologies, le droit peut changer et se transformer en une nouvelle « cristallisation ». Le droit québécois du tourisme fournit de nombreux exemples de cette mouvance qui n'est pas terminée.
- On a assisté ces dernières années à une judiciarisation des rapports entre les prestataires de services et leurs clients. Plus informés, plus avertis, les consommateurs touristiques n'hésitent plus à poursuivre les prestataires de services, notamment les agents de voyages. S'il faut se réjouir des gains obtenus par les consommateurs dans le respect de leurs droits, ne faut-il pas craindre un effet pervers : les agents de voyages n'auront-ils pas tendance à n'offrir que des valeurs sûres, que les produits de grossistes connus travaillant eux-mêmes avec des prestataires locaux qu'ils contrôlent souvent en partie ? N'y a-t-il pas à terme un risque de banalisation de l'offre touristique, d'appauvrissement de l'expérience touristique pour éviter des problèmes ?
- Les programmes de qualité sont en vogue : accréditation, labellisation, certification, normalisation, autant de moyens d'accroître la qualité de l'offre touristique. Mais attention à l'amalgame tendancieux ! Ces moyens peuvent compléter la règle de droit, non la remplacer. Contrairement aux programmes de qualité – par essence volontaires –, la règle de droit est obligatoire et sanctionnée par l'autorité publique. Elle vise, tant bien que mal, à contrer les comportements déviants et s'applique à tous. Secteur vulnérable, le tourisme ne peut courir le risque d'un retrait de l'État, qui doit continuer d'assumer ses responsabilités

législatives et réglementaires. L'État peut agir autrement, en concertation étroite avec le milieu professionnel, mais son intervention reste nécessaire bien que difficile, dans un contexte de compressions budgétaires qui affaiblissent les mécanismes d'inspection et d'application des règles de droit et, devant l'essor des nouvelles technologies de l'information, qui l'obligent à revoir le contenu et la mise en œuvre de l'encadrement juridique.

ANNEXE 1
La réglementation sur les aliments

LE RÈGLEMENT SUR LES ALIMENTS (*R.R.Q.*, C. P-29, R. 1)

En matière d'hygiène et de salubrité dans la préparation des aliments au sein des établissements de restauration, le Règlement sur les aliments relié à la Loi sur les produits alimentaires (*L.R.Q.*, c. P-29) prévoit un ensemble de dispositions en vue d'assurer la protection du consommateur. C'est en vertu de l'article 40 de cette loi que le gouvernement est autorisé à réglementer et c'est le ministère de l'Agriculture, des Pêcheries et de l'Alimentation du Québec (MAPAQ) qui est responsable de son application.

Le règlement rappelle l'obligation pour toute personne d'obtenir le permis requis si elle poursuit des activités de restauration telles que définies dans la loi (article 1.3.1.1).

La section 1.4 du règlement édicte les règles sanitaires qui doivent être suivies entre autres par les restaurateurs :

- « Le produit altérable à la chaleur à l'exception des fruits et légumes frais entiers doit être refroidi sans retard et maintenu constamment à une température interne et ambiante ne dépassant pas 4 °C jusqu'à sa livraison au consommateur » (article 1.4.1), sauf évidemment pendant la préparation du produit selon les procédés reconnus en industrie.
- Les produits congelés doivent être conservés à une température d'au plus –18 °C et n'excédant pas celle prescrite par l'industrie de la congélation.
- Les produits non congelés doivent être conservés à une température supérieure à leur point de congélation. Tout produit périssable qui est vendu ou servi chaud doit l'être à une température supérieure ou égale à 60 °C.

Dans la section 1.5 sont énoncées les interdictions de tromper tant sur la nature du produit que sur son état, sur les lieux, dates ou conditions de préparation des aliments, sur le mode d'emploi ou de conservation de ces derniers ainsi que sur leur identité et leur provenance. Par ailleurs, toute falsification ou modification frauduleuse des produits alimentaires est prohibée au même titre que la détention ou la mise en vente des moyens destinés à de telles activités.

Le chapitre 2 du règlement porte sur les lieux et les véhicules. On y précise notamment ce qui suit :

- Le site de préparation des aliments doit être exempt d'odeurs nauséabondes, de pollution.
- Le site doit être muni d'une aération, d'une ventilation et d'un éclairage adéquats. L'alimentation en eau potable et la qualité bactériologique et chimique doivent respecter des normes précises.
- Aucun insecte, rongeur ou polluant n'est toléré sur les sites de préparation des aliments.
- Le sol et les murs doivent être recouverts d'une matière résistante et imperméable. La propreté des matériaux, du sol, des murs et des plafonds ne doit faire aucun doute. L'organisation matérielle des lieux doit respecter les mêmes principes, tout comme les lieux de consommation des aliments dans le cas d'un restaurant.
- Les opérations doivent être effectuées selon des méthodes éprouvées et reconnues en industrie alimentaire et dans des conditions propres à éliminer toute possibilité de pollution, de contamination ou d'altération du produit.

- Le personnel doit être qualifié et astreint autant à une grande propreté vestimentaire et corporelle qu'à l'observation des normes du métier et de l'hygiène.
- Tout détenteur d'un permis doit tenir des registres des opérations et pièces justificatives pouvant être consultés par les inspecteurs.

Un ensemble de normes opérationnelles pour les produits carnés est présenté dans la section 6.4 du règlement.

- Lorsqu'il y a manipulation d'un produit carné dans un endroit non réfrigéré, celui-ci doit immédiatement être retourné dans une chambre de conservation réfrigérée ou de congélation dès les opérations terminées.
- Le personnel doit recouvrir entièrement ses cheveux avec un bonnet ou une résille propres.
- Tout matériel affecté à la préparation des viandes doit être nettoyé et désinfecté tous les jours et avant toute réutilisation dans le cas où il a été contaminé.
- Les opérations relatives aux produits carnés doivent se dérouler dans les lieux et à l'aide des équipements exigés.
- La conservation des viandes doit se faire sans contact avec le sol ou les murs et à plus de 10 centimètres du sol.
- Les détersifs, désinfectants et autres produits doivent être conformes aux exigences prescrites, l'usage du tabac est prohibé, le travail de manipulation des viandes doit être fait par une personne exempte de toute maladie contagieuse transmissible et de tout autre risque de contaminer la viande. Si la personne affectée présente un éventuel risque, elle doit être soumise à un examen médical.
- En aucun cas les produits utilisés ne doivent présenter de risques pour la santé. Aucun antibiotique ne doit être présent dans les produits carnés destinés à la consommation humaine.
- La conservation du gibier est soumise à des règles particulières.
- La disposition des déchets doit respecter un nombre de critères dont l'identification des récipients utilisés.
- La provenance des viandes ou aliments carnés détenus ou utilisés par un restaurateur doit correspondre aux articles 6.5.2.28 et 6.5.2.29 du Règlement sur les aliments.

La section 6.7 édicte un ensemble de dispositions relatives aux activités de restaurateurs au sujet des viandes et des aliments carnés.

- Les locaux affectés à la préparation des viandes ne doivent communiquer avec aucun local qui ne soit pas salubre.
- « Les étals et comptoirs placés dans ces locaux doivent être en matériau dur, lisse, lavable et non absorbant » (article 6.7.1.5).
- Les tringles-crochets destinés à suspendre les viandes, les tablettes-récipients, la chambre froide, l'exposition des viandes, le nettoyage et l'entretien des lieux font aussi l'objet de spécifications destinées à assurer la salubrité des produits.
- La décongélation des viandes ou aliments carnés doit se faire à une température n'excédant pas 4 °C, et ce, tant que le produit n'a pas été livré au consommateur.
- La température de l'entrepôt frigorifique ne doit pas être inférieure à –18 °C et les aménagements à l'intérieur de ce même entrepôt doivent assurer le respect de cette limite.

Tous les titulaires d'un permis obtenu en vertu du Règlement sur les aliments peuvent faire l'objet d'inspections et sont passibles des sanctions prévues par la Loi sur produits alimentaires.

Notons en dernier que la section 3.4 du règlement s'applique aux cantines et aux distributeurs automatiques, que le chapitre 8 est consacré aux produits de l'érable et le chapitre 9 aux produits marins. Suivent les dispositions sur les produits d'eau douce (chapitre 10) et celles sur les produits laitiers et leurs succédanés (chapitre 11).

Confronté à des problèmes complexes et nouveaux (pensons à la crise de la vache folle ou à celle de la grippe aviaire sur le plan international), le gouvernement du Québec a modifié ce règlement en 2008 pour y inclure une formation obligatoire en matière d'hygiène et de salubrité alimentaire[1].

---

1. Pour de plus amples renseignements, consultez le règlement, les rubriques et la documentation du MAPAQ, <http://www.mapaq.gouv.qc.ca/fr/Transformation/Qualitedesaliments/Hygienesalubrite/Pages/Hygienesalubrite.aspx>. Dernière consultation en date du 8 août 2011.

ANNEXE 2
L'encadrement législatif et réglementaire de la vente de boissons alcooliques

Les établissements touristiques peuvent être soumis à diverses lois particulières selon la nature de leurs activités, comme c'est le cas pour les établissements qui proposent des boissons alcooliques. Trois lois visent à encadrer la vente de boissons alcooliques dans les brasseries, tavernes, restaurants, bars, clubs, épiceries, de même que par les vendeurs de cidre et dans les lieux de réunion :

1. La Loi sur les permis d'alcool (*L.R.Q.*, c. P-9.1).
2. La Loi sur les infractions en matière de boissons alcooliques (*L.R.Q.*, c. I-8.1).
3. La Loi sur la Régie des alcools, des courses et des jeux (*L.R.Q.*, c. R-6.1).

La Loi sur les permis d'alcool rend obligatoire l'obtention d'un permis pour quiconque désire vendre ou servir des boissons alcooliques[1]. Le permis est délivré par la Régie des alcools, des courses et des jeux. Il existe plusieurs catégories de permis, chacune étant assortie de dispositions particulières (articles 25 à 34.2):

- brasserie;
- taverne;
- restaurant pour vendre;
- restaurant pour servir;
- bar;
- club;
- épicerie;
- vendeur de cidre;
- de réunion;
- permis « Terre des hommes »;
- permis « Parc olympique »;
- grossiste de matières premières et d'équipements;
- détaillant de matières premières et d'équipements.

Les principales sections de la loi ont trait:

- aux conditions d'obtention et de délivrance des permis, à leur durée et aux coûts annuels (sections II et III);
- aux conditions rattachées au permis, tels les jours et heures d'exploitation des établissements par catégorie (section IV);
- à l'exploitation temporaire et au changement d'endroit ou d'aménagement (section V);
- à la révocation et à la suspension du permis ou de l'autorisation par la Régie (section VI).

1. En 1986, des amendements ont été apportés à la Loi sur les permis d'alcool afin de régir la pratique du « vin libre » dans les restaurants, c'est-à-dire la pratique qui consistait pour le consommateur à apporter sa boisson. Les modifications apportées à la loi ont créé deux catégories de permis pour les restaurants: le permis de restaurant pour vendre et le permis de restaurant pour servir. Le permis pour servir autorise le restaurateur à servir ou à laisser consommer des boissons alcooliques, autres que les alcools ou les spiritueux, que ses clients apportent lors d'un repas. Il est soumis aux mêmes conditions de qualification et de contrôle que pour le permis de restaurant pour vendre. Ces deux permis sont exclusifs: un restaurateur ne peut obtenir que l'un des deux.

Les deux principaux règlements adoptés en vertu de cette loi sont :

- le Règlement sur les permis d'alcool (P-9.1, r. 6.1) ;
- le Règlement sur les droits et les frais payables en vertu de la Loi sur les permis d'alcool (P-9.1, r. 5.01), les droits faisant l'objet d'une indexation au 1er avril de chaque année.

La Loi sur les infractions en matière de boissons alcooliques vise à définir les différents paramètres selon lesquels les boissons alcooliques doivent être détenues, préparées, vendues et transportées. C'est à la section XI.1 qu'on retrouve les articles correspondant à l'interdiction de vendre de l'alcool à des mineurs ou de les admettre dans les brasseries, tavernes ou bars. Finalement, sont édictées les différentes infractions et à la présente loi les peines encourues par les contrevenants aux termes de cette loi. Aucun règlement n'a été adopté en vertu de cette loi.

La Loi sur la Régie des alcools, des courses et des jeux, adoptée en 1993, confère à la nouvelle régie ainsi instituée l'administration :

- de la Loi sur les courses ;
- de la Loi sur les loteries, les concours publicitaires et les appareils d'amusement ;
- de la Loi sur les permis d'alcool ;
- du chapitre V de la Loi sur la sécurité dans les sports ;
- de la section III de la Loi sur la Société des alcools du Québec.

Le chapitre II de la loi précise les fonctions et pouvoirs de la Régie (articles 23 à 40). Entre autres fonctions, la Régie délivre, suspend, annule et révoque les permis d'alcool et autres licences prévus par les lois dont elle a la responsabilité. Cela implique que la Régie peut :

- déterminer les conditions rattachées aux permis et licences ;
- contrôler la publicité et les programmes éducatifs en matière de boissons alcooliques.

Trois règlements ont été adoptés en vertu de la Loi sur la Régie des alcools, des courses et des jeux. Il s'agit du Règlement sur les règles de procédure de la Régie des alcools, des jeux et des courses (R-6.1, r. 2), du Décret concernant l'autorisation d'utiliser un appareil automatique pour apposer la signature du président et du secrétaire de la Régie des alcools, des courses et des jeux (1994, GOQ 2, 5790), ce dernier n'ayant, de toute évidence, aucune incidence sur l'exploitation d'un établissement touristique, et des Modalités de signature de certains actes, documents ou écrits de la Régie des alcools, des courses et des jeux (R-6.1, r. 1).

ANNEXE 3

Des règlements et des codes de pratiques relatifs à l'accessibilité des transports aux personnes ayant une déficience

L'Office des transports du Canada (OTC) a le pouvoir d'éliminer les obstacles abusifs rencontrés par les personnes ayant une déficience lors de leurs déplacements dans le réseau de transport canadien de compétence fédérale. Deux règlements sont sous la responsabilité de l'OTC.

Le Règlement sur les transports aériens, plus précisément la partie VII sur les conditions de transport des personnes ayant une déficience (DORS/88-58), précise les dispositions que doivent adopter les transporteurs aériens afin d'offrir un service accessible. Les principaux articles concernent :

- les délais de réponse aux demandes formulées par les personnes à capacité physique restreinte ;
- l'assistance nécessaire qui doit être fournie par le transporteur aux multiples étapes du déplacement ;

- les transferts d'une aide à la mobilité (p. ex. fauteuil roulant) à l'autre ou à un siège de l'appareil;
- l'aide à fournir pendant le vol et lors des repas;
- la gratuité du transport d'une aide à la mobilité d'un passager de l'appareil.

Le Règlement sur la formation du personnel en matière d'aide aux personnes ayant une déficience (DORS/94-42) s'adresse autant aux transporteurs ferroviaires, maritimes et aériens qu'aux exploitants de gares et d'aérogares. Seuls les petits transporteurs aériens, certains transporteurs ferroviaires et les exploitants de petites aérogares sont exclus. Le règlement détermine quelles sont les catégories d'employés qui devront recevoir une formation appropriée:

- employés et entrepreneurs qui traitent avec le public;
- employés et entrepreneurs qui fournissent une aide physique;
- employés et entrepreneurs qui manipulent des aides à la mobilité;
- employés et entrepreneurs qui utilisent du matériel ou des aides spécialisés.

La formation doit être complétée dans les 60 jours suivant l'entrée en fonction des catégories de personnes identifiées par le règlement. Le transporteur ou l'exploitant d'un terminal doit mettre à la disposition de l'OTC et du grand public une description du programme de formation. Le contenu du programme de formation n'est toutefois pas précisé dans le règlement.

L'OTC a également travaillé de concert avec l'industrie du transport et des groupes de consommateurs à l'élaboration de codes de pratiques propres à chaque moyen de transport. Il s'agit plus particulièrement des codes de pratiques suivants:

- accessibilité des aéronefs pour les personnes ayant une déficience (aéronefs à voilure fixe de 30 sièges passagers ou plus);
- accessibilité des traversiers pour les personnes ayant une déficience;
- accessibilité des voitures de chemin de fer et conditions de transport ferroviaire des personnes ayant une déficience;
- accessibilité des gares de voyageurs;

- élimination des entraves à la communication avec les voyageurs ayant une déficience[1].

Les codes de pratiques contiennent des mesures qui vont plus loin que la réglementation. Les codes de pratiques sont d'adhésion volontaire. Ils ne revêtent donc pas un caractère contraignant comme c'est le cas pour un règlement ou une loi. En revanche, ils servent de lignes directrices à l'industrie, notamment dans le cas d'enquêtes menées par l'OTC en réponse à une plainte reçue par un voyageur qui s'est senti lésé dans son droit à l'accès aux moyens de transport interurbain au Canada. Un statut de tribunal administratif quasi judiciaire vient compléter le mandat de l'OTC pour éliminer les obstacles abusifs rencontrés par les personnes à capacité physique restreinte dans leurs déplacements interurbains de compétence fédérale, par le biais de différentes activités :

- le traitement des plaintes ;
- la réglementation ;
- l'élaboration de lignes directrices pour l'industrie ;
- le suivi et la liaison[2].

Bien que l'essentiel du transport par autocar soit de compétence provinciale, particulièrement lorsque les autocars circulent à l'intérieur d'une province, les autocaristes canadiens se sont aussi dotés d'un code de pratiques d'adhésion volontaire, le Guide de pratiques des autocaristes[3], auquel adhère l'Association des propriétaires d'autobus du Québec. Ce guide précise les moyens par lesquels les exploitants devraient parvenir à offrir d'une manière « sûre et respectueuse[4] » des services réguliers d'autocars aux voyageurs ayant une déficience.

---

1. Pour consulter les codes et guides de pratiques pour les fournisseurs de services de transport ainsi que les lignes directrices, rendez-vous au : <http://www.otc-cta.gc.ca/doc.php?sid=1011&lang=fra>. Dernière consultation en date du 18 août 2011. Par ailleurs, les décisions et arrêtés rendus par l'OTC sont disponibles à l'adresse suivante : <http://www.otc-cta.gc.ca/decision-ruling/index.php?lang=fra>. Dernière consultation en date du 8 août 2011.
2. Jean-François CHAREST et Brigitte MAHEU (2000). *Vers un tourisme accessible aux personnes à capacité physique restreinte*, Montréal, Kéroul, p. 67. Consulter également le site Internet de Kéroul, <http://www.keroul.qc.ca/>. Dernière consultation en date du 8 août 2011.
3. Le Guide de pratique des autocaristes est disponible en ligne, < http://www.tc.gc.ca/fra/politique/acc-accf-accesscodeautocariste-711.htm#code>. Dernière consultation en date du 18 août 2011.
4. *Ibid.*

BIBLIOGRAPHIE

Monographies

ALTER, Michel (1989). *Droit des transports, aériens et maritimes, internes et internationaux*, 2e éd., Paris, Dalloz, 180 p.

BAUDOIN, Jean-Louis et Patrice DESLAURIERS (2007). *La responsabilité civile*, 7e éd., vol. 1, Cowansville, Éditions Yvon Blais, 1684 p.

BAUDOIN, Jean-Louis et Yvon RENAUD (2010). *Code civil annoté*, t. 2, 13e éd., Montréal, Wilson & Lafleur.

BIHL, Luc (1981). *Droit des hôtels, restaurants et campings*, Paris, Librairies techniques, 169 p.

BIHL, Luc (1989). *Le droit pénal de la consommation*, Paris, Nathan, 189 p.

BROUSSOLLE, Denis (1995). *Le droit des transports de personnes*, Paris, Presses universitaires de France, coll. « Que sais-je ? » no 2942, 127 p.

BRUN, Henri et Guy TREMBLAY (2002). *Droit constitutionnel*, 4e éd., Cowansville, Éditions Yvon Blais, 1425 p.

CALAIS-AULOY, Jean (1980). *Droit de la consommation*, Paris, Dalloz, 389 p.

CALAIS-AULOY, Jean et Henry TEMPLE (2010). *Droit de la consommation*, 8e éd., Paris, Dalloz, 726 p.

CHEVRETTE, François et Herbert MARX (1982). *Droit constitutionnel – Notes et jurisprudence*, Montréal, Les Presses de l'Université de Montréal, 1728 p.

COURNOYER, Normand et Anthony G. MARSHALL (1983). *Restaurant and Travel Law*, North Scituate, Breton, 675 p.

DELISLE, Danièle (dir.) (1995). *La responsabilité*, Cowansville, Éditions Yvon Blais, 154 p. (ont collaboré avec l'École du Barreau du Québec Claude Masse et Patrice Deslauriers).

DEMOGUE, René (1925). *Traité des obligations en général*, tome V, Paris, Librairie Arthur Rousseau.

DESCHAMPS, Pierre *et al.* (2008-2009). *Responsabilité*, vol. 4, Cowansville, Éditions Yvon Blais, coll. « Droit », 216 p.

DUBOIS, Jean, Henri MITTERAND et Albert DAUZAT (2007). *Dictionnaire étymologique et historique du français*, Paris, Édition Larousse, 893 p.

GAGNÉ, Roland-Yves (1982). *Le droit des agences de voyages et le transport aérien*, Montréal, Wilson & Lafleur / Sorej, 170 p.

GUILLIEN, Raymond et Jean VINCENT (1988). *Lexique de termes juridiques*, Paris, Dalloz, p. 402.

GUYON, Yves (1980). *Droit des affaires*, tome 1, Paris, Economica, 970 p.

JOBIN, Pierre Gabriel avec la collaboration de Nathalie VÉZINA (2005). *Les obligations*, 6e éd., Cowansville, Éditions Yvon Blais, 1755 p.

JOLIN, Louis (1988). « La législation touristique au Québec », *Téoros*, no 3, 52 p.

JOLIN, Louis (1995). *Associations et activités touristiques en droit français et en droit québécois* (thèse de doctorat), Université Jean Moulin – Lyon III, 296 p.

LAZAR, Fred (1984). *Déréglementation de l'industrie du transport aérien au Canada : une charade : la théorie du chaînon manquant, les faits déformés*, Toronto, Key Porter Books, 175 p.

LE BRUN, Serge et Jacques ROY (1992). *Le transport aérien au Canada : l'impasse des déréglementations*, Document de travail no 92-02, Montréal, Université du Québec à Montréal, 18 feuillets.

L'HEUREUX, Nicole (2000). *Droit de la consommation*, 5e éd., Cowansville, Éditions Yvon Blais, 566 p.

PAQUETTE, Richard (1979). *La responsabilité en droit aérien canadien*, Montréal, Wilson & Lafleur, 246 p.

PICKUP, Laurie *et al.* (1991). *Bus Deregulation in the Metropolitan Areas*, Oxford Studies in Transport, Aldershot, Avebury, 264 p.

PINEAU, Jean (1986). *Le contrat de transport terrestre, maritime et aérien*, Montréal, Thémis, 484 p.

PY, Pierre (2002). *Droit du tourisme*, 5e éd., Paris, Dalloz, 444 p.

REID, Hubert (2010). *Dictionnaire de droit québécois et canadien*, 4e éd., Montréal, Wilson & Lafleur, 828 p.

RODIER, René (1990). *Droit des transports terrestres et aériens*, 5e éd., Paris, Dalloz, 478 p.

SERVOIN, François (1981). *Institutions touristiques et droit du tourisme*, Paris, Masson, 311 p.

Périodiques

ABEL-NORMANDIN, Serge (1999). « ACTA-Québec invite ses membres à écrire à Guy Chevrette et à Bernard Landry », *Tourisme Plus*, vol. 19, no 23, p. 1 et 4.

BÉRUBÉ, Gérard (1994). « Les transporteurs aériens dans une ère de profonds changements », *Forces*, no 106, p. 48-62.

CAZELAIS, Normand (1999). « L'univers des transports », *Téoros*, vol. 18, nº 3, p. 43-47.

GAGNÉ, Roland-Yves (1989). « La responsabilité des différents intervenants en matière de voyages », 49 *R. du B.*

JOLIN, Louis (1986). « Faut-il déréglementer l'industrie touristique ? », *Téoros*, vol. 5, nº 3, p. 27-29.

JOLIN, Louis (1990). « Des agences de voyages de plus en plus responsables », *Téoros*, vol. 9, nº 3, p. 28-30.

JOLIN, Louis (1992). « La protection du consommateur dans le secteur du tourisme, tendances et critique », *Revue du tourisme*, AIEST, 4/1992, p. 34-39.

ROUSSEAU-HOULE, Thérèse (1983). « La responsabilité des agences de voyages, les tendances de la jurisprudence récente », 24 *C. de D.*, p. 643-671.

TRUDEL, Pierre (1997). « Le cyberespace et le droit ou la nécessité de repenser le droit autrement », *Interface*, vol. 18, nº 5, p. 48.

VARLET, Jean (1997). « La déréglementation du transport aérien et ses conséquences sur les réseaux et les aéroports », *Annales de géographie*, nºs 593-594, p. 205-217.

VÉZINA, Nathalie (2003). «Le trajet convergeant de la responsabilité civile contractuelle et du contrat de transport de personnes en droit québécois: premier bilan de l'itinéraire», dans Benoît MOORE (dir.), *Mélanges Jean Pineau*, Montréal, Thémis, 2003.

Publications officielles, mémoires et rapports d'études

ACTA-QUÉBEC (1996). *Pour une révision de la Loi et du Règlement sur les agents de voyages du Québec*, Montréal.

ACTA-QUÉBEC (2000). *Mémoire relatif à l'impact de la divulgation de la rémunération – Loi sur les produits et services financiers*, Montréal.

ASSEMBLÉE NATIONALE. *Journal des débats*, Québec, 3 décembre 1974.

ASSEMBLÉE NATIONALE. *Journal des débats*, Québec, 12 mai 1993.

BUREAU DE LA PROTECTION DU CONSOMMATEUR (2011). *Améliorer la protection du consommateur dans l'industrie du voyage*, Document de consultation publique, Manitoba, Bureau de la protection du consommateur.

CHAREST, Jean-François et Brigitte MAHEU (2000). *Vers un tourisme accessible aux personnes à capacité physique restreinte*, Montréal, Kéroul, 94 p. + annexes.

CORPORATION DES SERVICES AUX ÉTABLISSEMENTS TOURISTIQUES QUÉBÉCOIS (1998). *Bulletin d'information à l'intention des propriétaires d'établissements hôteliers du Québec*, Montréal, CSETQ en collaboration avec Tourisme Québec.

GOUVERNEMENT DU QUÉBEC et CITQ (2004). Communiqué du 16 avril 2004 sur les résultats de la tournée de classification de l'hébergement touristique du Québec.

GROUPE DBSF (1998). *Élaboration d'un programme qualité pour l'industrie touristique au Québec*, Montréal, Rapport d'étape 1, présenté à Tourisme Québec.

GROUPE DBSF (1998). *Étude visant l'allégement législatif et réglementaire applicable à certaines activités touristiques*, Montréal, Rapport d'étape 2 présenté à Tourisme Québec, 23 p.

GROUPE DBSF (1998). *Propositions relatives à l'allégement législatif et réglementaire applicable à certaines activités touristiques*. Rapport à des fins de discussion présenté à Tourisme Québec.

GROUPE DE TRAVAIL SUR LA DÉRÉGLEMENTATION (1986). *Réglementer moins et mieux*, Québec, Les Publications du Québec, 292 p. (vol. 1) ; 101 p. (vol. 2).

INSTITUT DE LA STATISTIQUE DU QUÉBEC (2011). *Le Québec chiffres en main*, Québec, ISQ, 72 p.

ORGANISATION MONDIALE DU TOURISME (2000). *Compendium de statistiques du tourisme 1994-1998*, Madrid, 233 p.

SECRÉTARIAT DU COMITÉ MINISTÉRIEL DE LA PROSPÉRITÉ ÉCONOMIQUE ET DU DÉVELOPPEMENT DURABLE (2004). *Simplifier la vie des entreprises pour créer plus d'emplois et de richesses*. Plan d'action du gouvernement en matière d'allégement réglementaire, Québec, Gouvernement du Québec, 40 p.

TOURISME QUÉBEC (2002). *Politique relative aux lieux d'accueil et de renseignements touristiques* et *Guide des critères d'agrément*, Québec.

TABLE DES DÉCISIONS JUDICIAIRES

« Andrews c. Grand Toy Alberta Ltd. », (1978) *2 R.C.S.* 229.

« Arnold c. Teno », (1978) *2 R.C.S.* 287.

« Aubuchon c. Bourderon », [1976] *C.P.* 537.

« Audet c. Corbeil », [1975] *R.L.* 320 (C.P.).

« Beaulieu c. Agence de voyages Nouveau-Monde », *C.Q.*, 2007-02-05, 2007 QCCQ 2346, AZ-50424131.

« Béland c. Voyage Charterama Trois-Rivières ltée », *EYB* 2010-176736 (C.Q.).

« Belval c. Voyages Tour-Monde inc. », *EYB* 2010-188443 (C.Q.).

« Belzile c. F.P. Voyage inc. », [1994] *A.J.D.Q.* 2707 (C.Q.).

« Bensimon c. Agence de voyage Travelocity.ca », *C.Q.*, 2008-12-18, 2008QCCQ12778, AZ-50532920.

« Bernard c. Royale Aviation Express inc. », Cour du Québec-2000, Réf. AZ-00036133.

« Blake c. Goupe Laro Alta inc. », *C.Q.*, 2001-12-04, AZ-50107302.

« Blondin c. Promotions Suzanne Végiard », *J.E.* 2004-943 (C.Q.)

« Bouchard c. Les entreprises Dorette VA/GO inc. », [1997] *R.J.Q.* 2579-2588 (C.S.).

« Brault c. Voyages du Suroît », *J.E.* 2001-1447 (C.Q.).

« Burns c. Vacances Carnival (Québec) Ltée », [1986] *R.J.Q.*, p. 943-945 (C.P.).
« Comartin c. Bordet », [1984] *C.S.* 584.
« Côté c. Agence 1001 Voyages inc. (Club voyages 1001) », *EYB* 2007-120172 (C.Q.).
« Côté c. Voyages Nolitours inc. », *J.E.* 98-293 (C.Q.).
« Daviault c. Compagnie d'aviation Cubana », *C.Q.*, 2004-03-11 (jugement rectifié le 2004-04-14), AZ-50226541.
« Deschesnes c. Juan », [1975] *R.L.* 267 (C.P.).
« Desfossés c. Royal Vacances », [1996] *R.L.* 501 (C.Q.).
« Doran c. Demetelin », [1980] *C.P.* 234.
« Dodier c. 2904977 Canada inc. (Caribe Sol) », *C.Q.*, 2006-04-25, 2006 QCCQ 4034, AZ-50372280.
« Drapeau c. Intercar », *J.E.* 95-563 (C.Q.).
« Duchesne c. 3947637 Canada inc. », *J.E.* 2006-442.
« Gagnon c. Descaneaux », *C.S.*, 2009-07-31, 2009 QCCQ 3661, AZ-50570033.
« Gosselin c. Service de voyages Yves Bordeleau inc. », *J.E.* 90-922 (C.Q.).
« Groupe Commerce (Le) compagnie d'assurance c. Compagnie d'assurance American Home », *C.Q.*, 2000-05-31, AZ-00036533.
« Harrison c. Transat Tours Canada inc. », *C.Q.*, 2006-07-20, 2006 QCCQ 6848, AZ-50383889.
« Jasmin c. Vacances Sunwing inc. », *C.Q.*, 2010-12-21, 2010 QCCQ 16295, AZ-50731313.
« Joyal c. Élite Tours », *J.E.* 93-729 (C.S.).
« Lafortune c. Agence de voyages Boistard, Poirier inc. », *C.Q.*, 2004-10-25, AZ-50277545.
« Lahyanssa c. 3225518 Canada inc. », *C.Q.*, 2003-12-05, AZ-50279246;
« Lamontagne c. Voyages Transatlantiques international Cowansville inc. (Voyages Trans-mode) », *C.Q.*, 2005-03-29, AZ-50307429.
« Lambert c. Minerve Canada », [1998] *R.J.Q.* 1740 ; *J.E.* 98-1516 (C.A.).
« Langelier c. Voyage Vasco Louise Drouin », *C.Q.*, 2010-11-10, 2010 QCCQ 10070, AZ-50692927.
« Lebel c. Transat Tour Canada inc. (Nolitours) », *C.Q.*, 2009-10-27, 2009 QCCQ 11920, AZ-50583578.
« Leblanc c. Voyages Guertin (1975) Ltée », *J.E.* 2005-112 (C.Q.).
« L'Écuyer c. Air Transat A.T. inc. », *J.E.* 96-587 (C.Q.).
« Leduc c. Air Labrador », *C.Q.*, 2009-10-02, 2009 QCCQ 9560, AZ-50578334.
« Lemaître-Auger c. Vacances Tours Mont-Royal inc. », *C.Q.*, 2002-11-19, AZ-50152733.
« Lyras-Poulin c. Tours Mont-Royal inc. », *J.E.* 96-679.
« Mainville c. Tours Mont-Royal », *J.E.* 96-635 (C.Q.).
« Martin c. 9129-2367 QC inc. », *C.Q.*, 2006-07-24, 2006 QCCQ 7290, AZ-50386667.
« Mohammad c. Air Canada », *C.Q.*, 2010-06-02, 2010 QCCQ 6858, AZ-50663703.
« Morin c. Agence de voyages Orientation Varennes inc. », *EYB* 2007-123431 (C.Q.).
« Nguen c. New Asia Tours inc. », *J.E.* 96-334 (C.S.).
« O'Brien c. Air Canada », [1976] *C.P.* 26.
« Offrey c. Voyages Pentatours », *C.Q.*, 2010-06-30, 2010 QCCQ 5641, AZ50651996.
« Palerme c. Groupe incursion inc. (Incursion voyages) », *EYB* 2007-121927 (C.Q.).
« Pelletier c. Tour Mont-Royal inc. », *J.E.* 96-1801 (C.Q.).
« Pétrin c. Voyages P.L.M. inc. », *J.E.* 83-793 (C.P.).
« Pierre Jolicœur c. Airprice Vacances & Transmerica Express inc. », (1996) C.S., n° 500-06-000006-946 (non publié).

«Plourde c. Services aériens F.B.O. inc. (Skyservice)», jugement de la Cour supérieure du 5 décembre 2005, 500-06-00283-057.

«Poirier c. Air Transat», *C.Q.*, 2001-10-31, AZ-50104477.

«Reachy c. Voyage international ITA ltée», *J.E.* 2006-2333; « Recchia c. K.L.M. lignes aériennes royales néerlandaises », [1999] *R.J.Q.* 2024 (C.S.).

« Renaud c. 169025 Canada inc. », [1997] *R.L.* 163 (C.Q.).

« Rousseau c. Agence de voyages en liberté Québec », *J.E.* 79-139 (C.P.).

«Roy c. Club Voyages Escapade 2000», *C.Q.*, 2000-12-05, AZ-01036192.

« Sa Majesté la Reine c. Claude Colette », Cour du Québec, chambre criminelle et pénale, n° 765-61-000589-952 (non publiée).

«Saraïlis c. Voyages Héritage J&A inc.», *C.A.*, 2008-12-17, 2008 QCCA 2439, J.E. 2009-101.

«Simard c. Air Canada», 2007 QCCS 4452, AZ-50452293.

« Société Voyages-Conseil c. Mme Joulie », *Bull. civ.* I, n° 183, p. 122 (Cass. Civ. 1re, 10 mai 1989).

« Ste-Marie c. Montabault inc. » [1979] *R.L.* 583 (C.P.).

« Bouchard c. Les entreprises Dorette VA/GO inc. », [1997] *R.J.Q.* 2579-2588 (C.S.).

« Thorton c. Board of School Trustees of School District No. 57 », (1978) *2 R.C.S.* 267.

«Tremblay c. Motel Classi inc.», 2009 QCCQ 5888 (Canlii).

« Vallée c. Fonds d'aide aux recours collectifs », *J.E.* 93-1910 (C.Q.).

« Verreault c. 124851 Canada inc. », *J.E.* 2003-628 (C.Q.).

« Vincelli c. Boshi », *J.E.* 82-473.

«Voisine c. Voyages Jean-Pierre inc.», *C.Q.*, 2009-01-20, 2009 QCCQ 793, AZ-50536298.

« Vourakis c. 144068 Canada inc. », *J.E.* 2002-1758 (C.Q.)

DANS LA MÊME COLLECTION

Polar Tourism
A Tool for Regional Development
Edited by *Alain A. Grenier and Dieter K. Müller*
2011, ISBN 978-2-7605-2535-1, 294 pages

L'écotourisme visité par les acteurs territoriaux
Entre conservation, participation et marché
Sous la direction de *Christiane Gagnon*
2010, ISBN 978-2-7605-2514-6, 282 pages

Tourisme et territoires forestiers
Vers de nouvelles perspectives de mise en valeur
Sous la direction de *Marie Lequin et Bruno Sarrasin*
2008, ISBN 978-2-7605-1584-0, 274 pages

Un autre tourisme est-il possible ?
Éthique - Acteurs - Concepts - Contraintes - Bonnes pratiques - Ressources
Marie-Andrée Delisle et Louis Jolin
2007, ISBN 978-2-7605-1483-6, 168 pages

L'écotourisme, entre l'arbre et l'écorce
De la conservation au développement viable des territoires
Sous la direction de *Christiane Gagnon et Serge Gagnon*
2006, ISBN 2-7605-1430-7, 444 pages

Droit du tourisme au Québec
2e édition
Louis Jolin
2005, ISBN 2-7605-1382-3, 162 pages

Le tourisme métropolitain
Le cas de Montréal
Danielle Pilette et Boualem Kadri
2005, ISBN 2-7605-1337-8, 156 pages

La prévision-prospective en gestion
Tourisme – Loisir – Culture
2e édition
Jean Stafford et Bruno Sarrasin
2005, ISBN 2-7605-1334-3, 348 pages

Le tourisme international vu du Sud
Essai sur la problématique du tourisme dans les pays en développement
Mimoun Hillali
2003, ISBN 2-7605-1238-X, 250 pages

L'échiquier touristique québécois
Serge Gagnon
2003, ISBN 2-7605-1138-3, 390 pages

Réduction de la fracture numérique en tourime
Le rôle des grandes organisations internationales
Marc Laplante
2003, ISBN 2-7605-1229-0, 160 pages

L'agent de voyages à l'ère du commerce électronique
Une profession à réinventer
François Bédard
2001, ISBN 2-7605-1136-7, 210 pages

L'industrie touristique
Stratégie concurrentielle des entreprises
Vincent Sabourin
2000, ISBN 2-7605-1038-7, 168 pages

L'espace touristique
Sous la direction de *Normand Cazelais, Roger Nadeau et Gérard Beaudet*
1999, ISBN 2-7605-1027-1, 312 pages

Microéconomie du tourisme
Jean Stafford
1996, ISBN 2-7605-0872-2, 146 pages

La recherche touristique
Introduction à la recherche quantitative par questionnaire
Jean Stafford
1996, ISBN 2-7605-0909-5, 184 pages

L'expérience touristique contemporaine
Fondements sociaux et culturels
Marc Laplante
1996, ISBN 2-7605-0910-9, 202 pages

RECYCLÉ
Papier fait à partir de matériaux recyclés
FSC www.fsc.org
FSC® C103567

MARQUIS
Marquis imprimeur inc.

Québec, Canada
2011

Imprimé sur du papier Silva Enviro 100% postconsommation traité sans chlore, accrédité ÉcoLogo et fait à partir de biogaz.

CHOIX ENVIRONNEMENTAL · ENVIRONMENTAL CHOICE
PROCÉDÉ SANS CHLORE · PROCESSED CHLORINE FREE
100%
PERMANENT
BIO GAZ ÉNERGIE